JN026748

山口 宰 Tsukasa Yamaguchi

介護リーダー1年目の教科書

無理せずに、
理想のチームを
つくるための
みちしるべ

Care Leader:
A Beginner's Guide

中央法規

はじめに

はじめまして。山口宰と申します。

私は、兵庫県神戸市で社会福祉法人を運営しながら、大学で認知症ケアや介護分野のマネジメントに関する研究を行っています。

また、多くの法人・施設の管理職やリーダーの育成にも携わり、現場で奮闘するリーダーのみなさんをサポートしてきました。

これまで、介護現場を訪問したり、研修で講師を務めたりするなかで、数多くの介護リーダーのみなさんとお話しする機会がありました。

そこで聞こえてくる共通の悩みが、「リーダーとしての仕事の仕方がわからない」ということ。

「よいケアやサービスを提供して利用者さんの満足度を高める」
「スタッフを育成して働きがいを高め、定着させる」

これらを形にしていくのが介護リーダーの役割だということは理解しているけれど、どのように行動すればよいのかがわからない……そんな方が多いのではないでしょうか。

その悩み、「マネジメント」の知識と技術で解決できます！

実は、私もかつて、同じ悩みをかかえていました。

2004年に「高齢者総合福祉施設オリンピア兵庫」を立ち上げた私のもとには、3名の部門責任者と5名のユニットリーダー、そして37名のスタッフが配属となりました。

理想の施設をつくり上げたいという熱い思いに駆られた私は、役所との協議、施設の設計や設備・備品の選定、スタッフの採用・育成、利用者の獲得などの業務全般に携わり、休む間も惜しんで働き続けました。

でも、管理職の仕事は私にとって初体験。
がむしゃらになればなるほど、一人で空回りしているような感覚にとらわれるようになっていきました。

そんなとき、私を助けてくれたのが、「マネジメント」の知識と技術でした。

「マネジメント」とは、スタッフ一人ひとりが自分のもつ力を最大限に発揮し、チームとして最高のパフォーマンスを発揮できるようにすることです。

数々の古典といわれる文献を読み進めていくと、いかに自分の方法が間違っていたのか、遠回りをしていたのかを思い知らされました。
学んだ理論やモデルを介護現場に適した形にアレンジし、実践していくと、悩んだり迷ったりしていた一つひとつのことに答えが与えられ、目の前の霧が徐々に晴れていくような気がしました。

管理職としての経験がなかった私だからこそ、「経験」や「勘」ではなく、理論にもとづいたマネジメントの重要性に気づくことができたのかもしれません。

――それから20年。

現場の介護リーダーたちに、このマネジメントの知識と技術を伝え、実践し続けてきたことによって、私が目指してきた理想の施設に、だいぶ近づくことができました。

介護リーダーとしての旅を始めよう!

この本は、介護リーダーになったばかりのみなさんや、これからリーダーを目指したいというみなさんに向けて、リーダーとして仕事をしていくうえでの「みちしるべ」となるように、身につけていくべきマネジメントの知識や技術をかみ砕いてまとめた「介護リーダーの教科書」です。

頭から順に読み進めると、リーダーとして必要となる知識や技術を体系的に学ぶことができるように構成しています。

また、どのような場面でその知識と技術が役に立つかについて、具体的なイメージをもって読んでいただくために、新米介護リーダーのアイリさんを主人公としたストーリーを、各セクションの冒頭に入れています。

私がどこかの現場で実際に経験したり、話を聞いたりしてきた事例をもとにしたものですので、みなさんの現場を思い浮かべながら読み進めていただければと思います。

そして、仕事を進めていくなかで、壁にぶつかったり、困りごとをかかえたりしたときにも、関連するテーマのページを開いてみてください。

きっと、進むべき方向を指し示してくれることと思います。

リーダーとしてベテランのみなさんにとっても、立ち居振る舞いを見つめ直したり、次世代のリーダーを育てたりしていくうえで、重要なヒントとなることでしょう。

それでは、アイリさんと一緒に、介護リーダーとしての旅を始めていきましょう！

山口 宰

登場人物紹介

アイリさん

主人公の新人リーダー。

入職5年目でリーダーに抜擢される。マネジメントの知識と技術を身につけ、一人前のリーダーに成長していく。

ハルカさん

アイリさんのユニットに配属された新人の女性スタッフ。

介護の仕事が大好きで、熱意をもって働いている。

タケルさん

アイリさんのユニットの入職3年目の男性スタッフ。

おっちょこちょいなところがあり、アイリさんも指導に手を焼いている。

ケンタさん

アイリさんのユニットの入職5年目の男性スタッフ。

自分の仕事にプライドをもっていて、アイリさんのことをライバル視している。

キョウコさん

アイリさんの先輩リーダー。

スタッフに慕われ、リーダーとしての評価も高い。最近、ほかのユニットに異動になって苦戦している。

施設長

かつては「カリスマリーダー」と呼ばれた。アイリさんたち若いリーダーのことを温かく見守ってくれている。

みちしるべ 3 チームメンバーの力を引き出して育てよう

みちしるべ 6

「介護リーダーの仕事とは？」を深く理解しよう

みちしるべ

1

まずは意気込みを高めよう

みちしるべ1

1

介護現場のマネジメントに目を向ける

まずは、介護現場にも理論や根拠のある「マネジメント」が必要とされることを見ていきましょう。

20XX年春。

A特別養護老人ホームでは、あるベテランリーダーの退職を機に、新たなリーダーを選ぶことになりました。

想定外の退職だったこともあり、施設長も今回の人事には苦戦しているようです。

「よし、若手のスタッフを抜擢して、リーダーとしてしっかり育てていこう!」

施設長はこれまでに読んだ本や受講した研修の資料などを引っ張り出し、介護現場の「マネジメント」について、もう一度考えてみることにしました。

介護現場の「マネジメント」の必要性とは？

ちょっと想像してみてください。

もし、介護の現場に、誰からも慕われる素敵なリーダーがいて、スタッフたちは楽しくいきいきと、目標に向かって前向きに仕事をし、「いつかはあんなリーダーになりたい！」と思っているとしたら――。

きっと、日々素晴らしいケアが提供され、利用者のみなさんの満足度は非常に高く、利用希望者でいっぱいになるでしょう。スタッフの定着率は高く、噂を聞きつけた就職希望者も集まってきて、施設長やリーダーたちは明日のシフトに頭を悩ませることもなく、よりよいケアやサービスのために全力を尽くすことができるはずです。

そうすればきっと、地域からも信頼される、素晴らしい施設になるのではないでしょうか。

でも、現実は理想のまったく逆。

現場は常に人手不足でバタバタ。せっかく新しいスタッフを採用しても、うまく育てることができず、結局退職に至ってしまう。職場の人間関係はギスギスしていて、行き届いたサービスを提供することができず、利用者さんもだんだんと減ってくる。上司に怒られ、部下からは不平不満を言われているリーダーの姿を見て、「リーダーにだけはなりたくないよね」と思っているスタッフたち……。

私はこれまで20年以上にわたり、数多くの新規施設の立ち上げや、介護現場の立て直しに携ってきました。さまざまな成功や失敗を繰り返し、試行錯誤するなかで、「どうすればよいチームをつくり、よいサービスを提供できるか」ということを突き詰めて考えてきました。

そしていま、介護現場を前向きで持続可能なものにするカギは、「マネジメント」にあると確信しています。

「マネジメント」とは、目標達成に向けてチームを効率的に動かすこと。

それがしっかりできている現場では、スタッフ一人ひとりが自分のもつ力を最大限に発揮し、チームとして素晴らしい仕事をし、最高のケアやサービスを提供できます。

つまり、施設長やリーダーが「マネジメント」という武器を身につけることで、介護現場は負のスパイラルから脱却し、理想のケアを追求できるようになるのです。

マネジメントが重視されていない理由

しかし、介護の現場では、マネジメントが重視されていない現状があります。

その理由として、次の3つがあると私は考えています。

マネジメント教育を行う余裕がない

介護分野の有効求人倍率は3・60（2021年）であり、コロナ禍で状況はやや改善したものの、依然として深刻な人手不足が続いています。事業者の方々は、スタッフを採用・育成し、日々の業務を回すことで手一杯なのが実情ではないでしょうか。

現場で最も必要とされるのは、介護技術やコミュニケーション能力といった、利用者さんへの直接的なケアにかかわるスキルであるため、やむを得ずマネジメント教育は後回しにされがちな状況です。

リーダーという仕事の魅力が伝わっていない

令和4年度介護労働実態調査によると、「今後の上位の職位志向」について、「今のままでよい」が80・4％を占める一方、「より上位の職位を目指す」は18・5％です。

介護現場のリーダーは、チームで理想のケアを実現し、一人のケアワーカーとしてでは得られない充実感を得ることができる、とても素晴らしい仕事です。

しかし、「責任が重くなる」「仕事の負担が増える」といったネガティブな側面が強調され、本来の魅力は伝わっていません。

その結果、上のポジションを目指そうというモチベーションが上がらず、マネジメント層の育成が広がっていないのが現状です。

教育方法が確立されていない

マネジメント教育の必要性を理解し、いざ実践しようとしても、「どのように行えばよいかわからない」という相談を受けることが少なくありません。

企業の一般的なマネジメント教育をそのまま介護分野で実施するだけでは、十分な効果を得られない可能性があります。

今後、介護分野に合ったマネジメント教育の方法論をさらに追究していくことが求められるでしょう。

マネジメントは誰もが身につけられる！

介護リーダーに選ばれたみなさんは、ケアワーカーとしてさまざまな経験を積み、知識や技術を身につけてきたことと思います。

日々変化する利用者さんの状態に合わせて、自信をもって最適なケアを提供することができるでしょう。

しかし、「ケアのプロ＝マネジメントのプロ」ではありません。

「スタッフをどう育てるのか」
「スタッフの強みをチームのなかでどのように活かすのか」
「チームの力をどうやって引き出すのか」

こういったマネジメントに関する教育を受ける機会が、介護分野では残念ながらほとんどないのは、先ほど述べたとおりです。

「経験」や「勘」にもとづき、見よう見まねでマネジメントを行っても、やがて大きな壁にぶつかってしまうでしょう。

でも、心配する必要はありません。

マネジメントは、誰もが学び、身につけることのできる「技術」です。

適切なケアを行うためにはエビデンスが欠かせないのと同じように、適切なマネジメントのためには理論や根拠が欠かせません。

これらをしっかりと学ぶことによって、理想のケアを目指していきましょう!

みちしるべ1

2

介護リーダーになる
醍醐味を知る

リーダーになれば、「介護への熱い思い」を形にできるようになります。

新しいユニットリーダー
お願いするよ
はっはい

「新しいユニットリーダーは、アイリさんにお願いすることになりました!」

A特別養護老人ホームで新しくリーダーに選ばれたのは、入職5年目のケアワーカー、アイリさん。

いつも利用者さんに寄り添った素晴らしいケアをしていると評価が高く、同期のなかでも一番早くリーダーに抜擢されました。

しかし、発表を聞いたアイリさんは、「子どもの頃からリーダーなんてやったことのない私で務まるのでしょうか……」と不安でいっぱいの様子です。

●介護リーダーに向いている人とは？

「私はリーダーには向いていないのではないでしょうか……」

管理職やリーダーの研修に行くと、ときどきこんな声が聞かれます。

「私は小さい頃からまわりの雰囲気に合わせるタイプで、リーダーになるのはいつも活発で自分の意見を堂々と言える人たち。私はこれまで一度もリーダーになったことはありません」という方もいるかもしれません。

でも大丈夫。心配することはありません。

必要なのは、「介護に対する熱い思い」だけです。

リーダーシップやマネジメントの知識と技術を身につければ、誰もが介護リーダーとして活躍することができます。むしろ、リーダーになったことがないあなただからこそ、素晴らしいリーダーになれる可能性を秘めている、私はそう信じています。

誰をリーダーにするべきか

「リーダー」というと、みなさんは誰を思い浮かべるでしょうか？

群雄割拠の戦国時代に天下統一を成し遂げた織田信長、ヨーロッパの百年戦争末期にフランスを救い国民的英雄となったジャンヌ・ダルク、アップル社を世界的企業に成長させIT界に大きな影響を与えたスティーブ・ジョブズ……。

誰をリーダーにするべきか――。

これについては介護の現場だけではなく、人類の歴史上、あらゆる場面において議論が行われてきました。人類にとっての永遠のテーマといっても過言ではないでしょう。

それだけ、**リーダーの存在は欠かすことができない重要なもの**なのです。

リーダーシップに関する研究

リーダーシップ研究の世界でも、かつては「リーダーシップとは生まれつき備えられた能力だ」と考えられていました。

優れたリーダーに共通する個人的な資質や特性に注目したのが、「リーダーシップ特性論」です。古くは古代ギリシャのプラトンの「国家論」、ルネサンス期イタリアのマキャベリの「君主論」などでも、リーダーの特性について語られています。

1930年代に入ると、リーダーシップ研究が本格化し、「優れたリーダーとはどのような人物か」「リーダーとリーダーではない人の違いは何か」といった観点から、データを用いた分析も行われるようになりました。

しかし、リーダーに備わっている資質がリーダーシップに影響を与えると考えられていたため、「いかにそのような資質をもったリーダーを見つけ出すか」が最大の関心事となっていました。

「リーダーとは生まれつきのものではなく、つくられるものだ」という考え方が登場するのは、1940年頃、「リーダーシップ行動論」の時代になってからです。

「社会心理学の父」とも呼ばれるK・レヴィンは、リーダーシップのタイプを「専制型」「放任型」「民主型」の3つに分類しました。

専制型	放任型	民主型
・リーダーが意思決定を行い、作業手順の細部まで指示をするスタイル。 ・短期的には高い生産性を得られるが、長期的にはメンバーの反感や不信感を招き、効果的でない。	・現場の意思決定をすべてメンバーに任せ、リーダーが関与しないスタイル。 ・メンバーのモチベーションは低く、生産性も低くなるが、レベルの高い専門家集団などにおいては効果を発揮する。	・リーダーの援助のもと、メンバーが意思決定のプロセスに参加するスタイル。 ・メンバーのモチベーションは高く、集団の団結度も高まり、長期的に高い生産性を生み出すことができる。

この研究では、「民主型」が最も有効なリーダーシップスタイルであると結論づけられていますが、チームの状況や与えられたタスクによっては、ほかのリーダーシップスタイルが有効になるケースもあると考えられます。

これ以降、「リーダーは後天的につくられるもの」という考え方にもとづき、さまざまなリーダーシップに関する理論が構築されてきました。

●介護リーダーになることの醍醐味

「いままでリーダーをやったことがない」という人は、裏を返せば、チームのメンバー、フォロワーとしての経験が長いということ。

さまざまなリーダーのもとで仕事をするなかで、リーダーにこんなことを言われてうれしかった、こんなことで苦労した、という記憶が残っているのではないでしょうか。

そういう人こそ、メンバーの視点に立って、メンバー一人ひとりに寄り添える、素敵なリーダーになることができるはずです。

「マネジメントの父」とも称される経営学者、P・F・ドラッカーは、著書（『プロフェッショナルの条件』ダイヤモンド社、2000年）のなかで、「リーダーたることの第一の要件は、リーダーシップを仕事と見ることである」と述べています。

リーダーシップやマネジメントの知識と技術を学び、それにもとづいた実践を積み重ね、その結果を評価し、次のアクションにつなげる――。

この「仕事」に向き合うことが、素晴らしいリーダーになるための第一歩です。

介護リーダーになることの醍醐味は、「自分の理想とするケアやサービスを実現できること」です。

みなさんの理想を現実のものとするために、介護リーダーの旅を始めていきましょう！

みちしるべ1

3

介護リーダーに求められる力を把握する

介護リーダーとして身につけていくべき力を見定めておきましょう。

アイリさんのユニットリーダーとしての日々が始まりました。

利用者さんやご家族への対応、スタッフのフォロー、会議への出席やレポートの作成……。毎日仕事に追われています。

「もっとリーダーとして力をつけたいのですが、何から勉強すればよいのでしょうか？」

アイリさんは施設長のところに相談に行きました。

「私も最初は何もわからなくて苦労したけど、〝介護リーダーに求められる5つの力〟を学んでとても参考になったんだ」

施設長は話しはじめました。

● 介護リーダーに求められる5つの力

チームメンバー一人ひとりの可能性を引き出し、よりよいケアやサービスを提供していくために、介護リーダーに求められる力は多岐にわたります。

私はこれまで数多くの介護現場で活躍しているリーダーたちと出会い、ケアのあり方やマネジメントの方法について一緒に考えてきました。

そのなかで、彼らが共通してもっているリーダーとしての特性や能力（＝コンピテンシー）があることに気づきました。

これらを「介護リーダーに求められる5つの力」として整理し、ご紹介します。

人を導く力（↓みちしるべ2（p.25〜）参照）

みなさんにとっての「理想のケア」とはどのようなものでしょうか。

きっと、介護の仕事を志した頃から、「利用者さんの笑顔があふれるユニットにしたい」

「高齢になってもその人らしく暮らすことができる地域をつくりたい」といった思いがあったことでしょう。

「理想」を実現するために、「ビジョン」を描き、夢を語り、チームが同じ方向に向かって進むことができるようにする力。これが「人を導く力」です。

人を育てる力（↓みちしるべ3（p.69〜）参照）

持続可能なチームをつくり上げるためには、長期的な視野をもって、次世代のリーダーを育てていく必要があります。

また、チームが成長するためには、メンバー一人ひとりの成長も欠かすことができません。

そのためには、コーチングの理論や、ＯＪＴや1 on 1といった具体的な方法論を学び、「人を育てる力」を身につけることが重要です。

チームを動かす力（↓みちしるべ4（p.111〜）参照）

介護という仕事は、決して一人でできるものではありません。

チームメンバーのもっている力をいかに引き出し、チームとして最高のパフォーマンスを発揮することができるかが、よいケアやサービスを提供するためのカギとなります。そのために、リーダーシップの理論やチーム・ビルディングについて学び、「チームを動かす力」を手に入れましょう。

問題を解決する力（↓みちしるべ5（p.153～）参照）

利用者のみなさんの命を預かる介護の現場では、日々さまざまな問題が生じることでしょう。

小さな問題だからといって見逃してしまうと、大きな危険や事故につながる可能性もあります。

何かトラブルが生じたときに、すばやく適切に判断して対応するための「問題を解決する力」。これも介護リーダーに求められる力のひとつです。

時代を切り拓く力（↓みちしるべ6（p.195～）参照）

理想のケアを実現するためには、これまでの介護の世界で「常識」とされていた、古い固定観念を打ち破り、自由な発想で新しいことにチャレンジすることが不可欠です。

ラテラルシンキング（水平思考）・クリティカルシンキング（批判的思考）といった発想法・思考法や、情報を収集し分析する力、そして何よりも「実行力」がカギとなります。

「時代を切り拓く力」を身につけたとき、みなさんのチームはひとつ先のステージに進むことができるのです。


もしかすると、とても高いハードルのように感じられているかもしれませんが、心配は不要です。

最初からこの5つの力を身につけている人は、一人もいません。


自分を磨き、理想のケアを実現するために前向きに取り組み、「マネジメント」という武器を手にすれば、誰もが素敵な介護リーダーになることができます。

「前向きで持続可能な」介護現場を目指して、一緒に頑張りましょう！

コラム

「誰もが最初は初心者だった」

本書を手にしているリーダーになったばかりのみなさんは、期待と不安で胸がいっぱいになっていることと思います。

でも、心配はいりません。

何事も、誰もが最初は初心者です。

みなさんが憧れているあの施設長やベテランリーダーも、就任したばかりの頃はいまのみなさんと同じように悩んだり、試行錯誤をしたりしながら、自分なりの仕事の仕方を見つけてきました。

みなさんも、介護の仕事を始めたばかりの頃を思い出してみてください。

いまではラクラクできてしまうことがわからなかったり、失敗したりしてきたのではないでしょうか。

介護リーダーとしての旅は始まったばかり。

理想のケアを目指して、前を向いて一歩一歩進んでいきましょう！

みちしるべ

2

リーダーとしての第一歩を踏み出そう

みちしるべ2

1

ビジョンをもち、チームで共有する

チームで一丸となってケアを行うために、
自分たちが目指す姿を明確にしましょう。

ユニットリーダーに就任したアイリさん。

さっそく、チームメンバーたちとユニットの現状について話をする機会をもちました。

しかし、話を聴けば聴くほど、一人ひとりの思いに差があることがわかってきました。

困ってしまったアイリさんは、この間受けたリーダー研修で、ビジョンの大切さを習ったことを思い出しました。

「よし、私もやってみよう!」

さっそくチームメンバーに、次回のユニットのカンファレンスでビジョンづくりを行うことを伝えました。

●ビジョンって何？

最近、福祉の分野においても、ビジネスの世界と同じように、「ビジョン」の重要性が語られるようになってきました。
みなさんの施設や事業所でも、ビジョンが掲げられ、その実現に向けて日々の仕事に取り組んでいることが多いと思います。

では、ビジョンとはいったい何なのでしょうか。

リーダーとなったみなさんを、チームのメンバーとともに航海に出る船長に例えてみましょう。
天候もよく、準備も万端、港には見送りの人がたくさん集まっています。期待に胸を膨らませ、さあ大海原へ漕ぎ出そうというそのとき、一人の乗組員から疑問の声が上がりました。

「船長、いまからどこに向かって船を進めればいいんですか？」

——それを示すものが「ビジョン」なのです。

世界のビジネスリーダーたちに大きな影響を与えているアメリカの経営学者、K・ブランチャードは、ビジョンを次のように定義しています。

ビジョンとは、自分は何もので、何をめざし、何を基準に進んでいくのかを明らかにすることである。（『ザ・ビジョン［新版］』ダイヤモンド社、２０２０年）

「こんな施設をつくりたい」

「こんなユニットにしたい」……

みなさんはそんな理想を思い描きながら、現場でのケアを毎日行っていることでしょう。

でも、その思いを心のなかに秘めていては、なかなか人には伝わりません。

みなさんのチームやユニットが目指す「理想の姿」「ありたい姿」を目に見える形にしたもの。これこそが、福祉の世界で求められるビジョンです。

●ビジョンのつくり方

ビジョンをつくるときには、リーダーが一人で考えるのではなく、チームメンバーを巻き込んで一緒につくり上げていきましょう。

「どんなチームにしたいか」「どんなユニットにしたいか」、チームメンバーと話し合う機会をぜひもってください。

ブレイン・ストーミング（注1）で一人ひとりの思いを出し合い、模造紙と付箋を用意して、ＫＪ法（注2）を使って整理していくのもよい方法です。

会議でなかなか意見が出ない場合は、事前にアンケートをとってみるのもよいでしょう。

ビジョンをつくり上げるプロセスに携わることによって、ビジョンは「自分たちのもの」になります。

組織や上司から与えられるとどこか他人事になってしまいますが、自分たちでつくったビジョンには責任が生まれていきます。

ビジョンはその内容だけでなく、つくり上げていくプロセスも重要なのです。

ビジョンは、カッコいい言葉や専門用語で書く必要はありません。自分たちの言葉で、誰にでもわかりやすいものにすることが大切です。

みんなで言ってみて、人に伝えてみて、毎日がワクワクするようなビジョンをつくっていきましょう。

● ビジョンは目的ではない

ビジョンをつくるときに注意したいのは、「誰のためのビジョンか」ということです。

ときどき、「働きやすい職場環境の実現」「スタッフが自分の力を発揮できるチームづくり」といったビジョンを見かけることがあります。

確かに、理想の現場をつくるためには、どちらも大切な要素です。

でも、スタッフの視点ばかりにとらわれてしまうと、生活の主人公である利用者のみなさんに「よりよいケアやサービスを提供する」ことや、その先にある「高齢になってもその人らしく暮らすことができる地域をつくる」といった大きな理想を見失ってしまう可能性があります。

ビジョンをつくるときは、「利用者さんの視点」「スタッフの視点」「ご家族・地域の視点」など、さまざまな角度から考えることが大切です。

ビジョンをつくり、それを実現することは、目的ではなくあくまでも手段。

この手段をうまく利用することが、みなさんが理想とする福祉の形に近づくための近道なのです。

● ビジョンの例

Google

ワンクリックで世界の情報へのアクセスを提供すること

IKEA

より快適な毎日を、より多くの方々に

ANA グループ

ワクワクで満たされる世界を

日本財団ボランティアセンター

私たちは、日本に新しいボランティアカルチャーをつくります。

社会福祉法人光朔会オリンピアのとあるユニット

お互いに助け合い、寄り添いながら、笑顔あふれる毎日を

●ビジョンを実現するために

ビジョンは「つくって終わり」ではありません。

日々のケアや業務のなかで、ビジョンにもとづいて仕事をして初めて、ビジョンが生きたものになります。

チームメンバーとともに一生懸命つくり上げたビジョンは、「きれいにデザインして額に入れて飾っておく」というのでは意味がありません。

定期的に、ビジョンについて話し合う機会をもってみてください。

メンバー一人ひとりがビジョンについてどのように考え、日々の仕事のなかでどう捉えているのか、ビジョンをつくったときのように意見を出し合ってみましょう。

時には、理想と現実のギャップにがっかりしてしまうこともあるかもしれません。

でも、チームメンバーで議論を重ねれば、きっとそのギャップを埋めていく方法が見つかるはずです。

ビジョンがどれだけ浸透しているかチェックする、簡単な方法があります。

それは、チームで一番新しいスタッフにビジョンを聞いてみること。ちゃんと答えられればチーム全体にビジョンが伝わっているという証拠になります。

ぜひ、みなさんのチームでも試してみてください。

ビジョンに向かって順調に航海が進められていると感じるときは、ビジョンをより遠くの目標に向けて修正することも可能です。

定期的にいまの状況を見直し、よりよいビジョンをつくり上げていくことによって、みなさんの理想の現場に近づけていきましょう！

注1）A・F・オズボーンによって考案された集団発想法。自由にアイディアを出し合うことで、新たな発想を生み出すことができる。

注2）文化人類学者の川喜田二郎氏が考案したデータ整理法。付箋やカードを用いてアイディアや情報をグループ化することで、問題の解決策を見出したり、新たなアイディアを生み出したりすることができる。

みちしるべ2

2

チームの強み・弱みを分析する

チームに何が必要かを知るために、
現状を客観的に見つめることが大切です。

アイリさんのユニットでは、みんなで話し合ってビジョンをつくることになりました。

でも、どこから手をつければよいのかわかりません。

「私たちのチームって、いったいどんなチームなんだろう……。そうだ、この間のリーダー研修でやった〝強みと弱みの分析ワーク〟を、私たちのユニットでもやってみよう！」

アイリさんは、さっそく準備にとりかかりました。

●現状を把握することの大切さ

ビジョンを策定し、実現のためにアクションを起こしていくには、「自分は何もので、何をめざし、何を基準に進んでいくのか」を理解することが大切です。

では、みなさんのチームはいまどのような状態で、どのような状況に置かれているでしょうか。

リーダーとしてチームを正しい方向に導くために、正確な現状分析は欠かせません。

しかし、日々忙しい介護現場において、チームを客観的に見たり、分析したりすることは、決して簡単ではありません。

定例の会議の時間は、利用者さんのケースの検討や、日常業務の改善に関する話し合いで占められ、ユニットの現状や長期的な課題について議論する余裕はあまりない、というのが実態ではないでしょうか。

特に、リーダーとしての経験年数が長くなってくると、客観的なデータや数字よりも、「経験」と「勘」を頼りに行動してしまいがちです。

しかしながら、現状を正確に把握しないままチームが進み出してしまうと、途中で軌道修正が必要になったときに、余分な手間や時間がかかってしまう場合があります。

大幅な方向転換は、メンバーの間に不満を募らせ、チームの雰囲気を悪化させてしまう危険性をはらんでいます。

SWOT分析

このような事態を防ぐために、ビジネスの世界ではさまざまなフレームワークを用いた分析が行われています。

特に、組織の現状を分析し、効果的な経営戦略や事業戦略を策定する手法として有名なのが、「SWOT分析」です。

SWOT分析では、組織の内部環境や外部環境を、「強み（Strengths）」「弱み（Weaknesses）」「機会（Opportunities）」「脅威（Threats）」の4つのカテゴリーで要因分析し、経営戦略を策定します。

「強み」と「弱み」には、人材・財務・ブランド・品質・経営管理など、組織の「内的要因」が、「機会」と「脅威」には、法令・社会環境・文化・市場トレンド・株主からの期待など、組織の「外的要因」が含まれています。

●強みと弱みの分析ワーク

SWOT分析は、組織の置かれている現状を客観的に分析する手法として非常に効果的ですが、外部環境まで含めて詳細な検討を行うことは簡単ではありません。

そこで私が管理職やリーダーの研修でおすすめしているのが、組織やチームの「強み」と「弱み」にフォーカスした分析です。

具体的な進め方は次のとおりです。

このワークにおいてポイントとなるのは、「強み」や「弱み」の「量」です。出された意見を判断・批判せず、アイディアを結合させることが歓迎されるブレイン・ストーミングの手法を用いて、できるだけたくさんの意見を出すようにしましょう。

● 強みと弱みの分析ワークの進め方

用意するもの

- 模造紙
- 付箋（10cm×10cm 程度）
- カラーペン

1. チームや組織の「強み」だと思うこと、「弱み」だと思うことを、付箋に自由に記入します。
2. 模造紙の上側に「強み」だと思うこと、下側に「弱み」だと思うことを貼っていきます。
3. KJ法を使って近い内容の付箋をグループに分け、カラーペンでテーマごとに枠で囲みます。
4. 「強み」をより効果的に発揮するにはどうすればよいか、「弱み」を改善し「強み」に変えていくためにはどうすればよいか、ディスカッションを行い、改善のためのアクションプランを作成します。

意見を出しきったら、少し離れたところから眺めてみましょう。

「私たちのチームの強みはケアにある」「業務の仕組み化に弱点がありそうだ」「人材については強みと弱みの両面がある」といった、チームの現状がよく見えてくるのではないかと思います。

「強み」の項目には自信をもって磨きをかけ、より実践に活かせるようにするための方法を考えましょう。

そして、「弱み」の項目については、具体的な改善方法や、「強み」に変えていくためのプランについて議論してみましょう。

大切なのは、単なる話し合いに終わらせるのではなく、分析結果を具体的な行動にまで結びつけること。

そうすれば、みなさんのチームは、よりよい方向に向かって大きく進むことができるようになるでしょう。

● 強みと弱みの分析ワークの実践例

強み　Strengths

人材
- スタッフの仲の良さ
- 定着率の高さ
- 柔軟なシフト
- 充実した研修

ケア
- パーソン・センタード・ケア
- 高い介護技術
- 馴染みの関係性
- エビデンスにもとづいたケア

地域交流
- 地域とのイベント
- カフェ併設一般開放
- 地域への外出
- 地域とのネットワーク

文化・組織
- 統一されたケアの理念
- チャレンジ精神
- フラットな組織
- 海外との交流

弱み　Weaknesses

仕組み
- 情報伝達の仕組みが不十分
- 管理職の生産性
- 新人の体系的な育成
- スタッフによる技術の差

人材
- ハングリー精神不足
- 仕事の段取り
- 熱しやすく冷めやすい
- フットワークの重さ

長期的課題
- スタッフの高齢化
- 緊急時対応力の強化
- 長期計画／将来ビジョン
- マネジメント層育成

発信力
- マスメディアへの発信
- アピール力の弱さ
- SNSのマンネリ化
- 地域への発信

みちしるべ2

3

自分のことをよく知る

自分の長所と短所を分析し、
自分自身を動かすコツを身につけましょう。

ユニットリーダーに就任して張り切っているアイリさん。現場での仕事に加え、会議に出席したり、スタッフの指導にあたったりと大忙しです。

そんなとき、アイリさんは利用者さんのご家族から預かっていた書類の提出を、うっかり忘れてしまいました。

施設長のフォローで大きなトラブルにはなりませんでしたが、すっかり落ち込んでいる様子。

そんな彼女に、

「アイリさん、自分のことを分析してみたらどうかな?」

施設長がアドバイスをくれました。

● 自分について知っておくメリット

みなさんは、「自分」のことはなんとなく理解していることと思います。

生まれてからいままで、ずっと付き合ってきたのですから、当然のことでしょう。

でも、「自分のことは完璧にわかっている」「自分を思いどおりに動かせる」という人は少ないのではないでしょうか。

「もうちょっとできると思っていた」

「どうして同じ失敗を繰り返してしまうんだろう」……

リーダーのみなさんと話をしていると、このような声がよく聞こえてきます。

リーダーという大役を担うには、自分のもっている力を最大限に発揮することが求められます。

そのためには、まずは「自分のことをよく知る」ことが大切。

「気分がのると人の何倍ものスピードで仕事ができる」「大変な仕事は後回しにしがちで、いつも締め切りギリギリ」「失敗すると落ち込みやすく、立ち直るのに時間がかかる」などといった自分の特性を理解していれば、前もって対策を立てることができます。

いわば、自分の「取扱説明書」をつくる、といったイメージです。

自分の長所を活かす方法を見つけ、短所をカバーする工夫ができれば、みなさんの仕事の効率はぐんぐん上がり、大きな失敗やトラブルを避けることができるようになります。

その結果、仕事のなかで「嫌なこと」「しんどいこと」を減らし、心に余裕をもつことにもつながるでしょう。

そのためにも、まずは徹底的に自分を分析してみましょう。

自分を分析するためのツール

でも、わかっているようでわかっていない「自分」というものを分析することは、簡単ではありません。

そこで、自己分析を手助けしてくれるツールを2つご紹介したいと思います。

マインドマップ

イギリスの著述家、トニー・ブザンが提唱した、頭のなかにあるものを描き出すための、思考の表現方法です。

テーマとなることを中心に据えて、大きな木のように、そこから太い枝でキーワードを並べ、さらに細い枝に分岐するように広げていきます。考えていることを地図のように可視化することができるので、思考を整理したり、そこから新たな発想を得たりするうえでも有用なツールです。

マインドマップを使うと、自分が何を大切に思って行動しているのか、どのように物事を考えているのかを明らかにすることができます。

ライフラインチャート

これまでの人生を、縦軸が満足度、横軸が時間を表すグラフで表現する手法です。

グラフが山や谷になっているときにどのような出来事があり、なぜ満足度が高かったの

● マインドマップの実践例

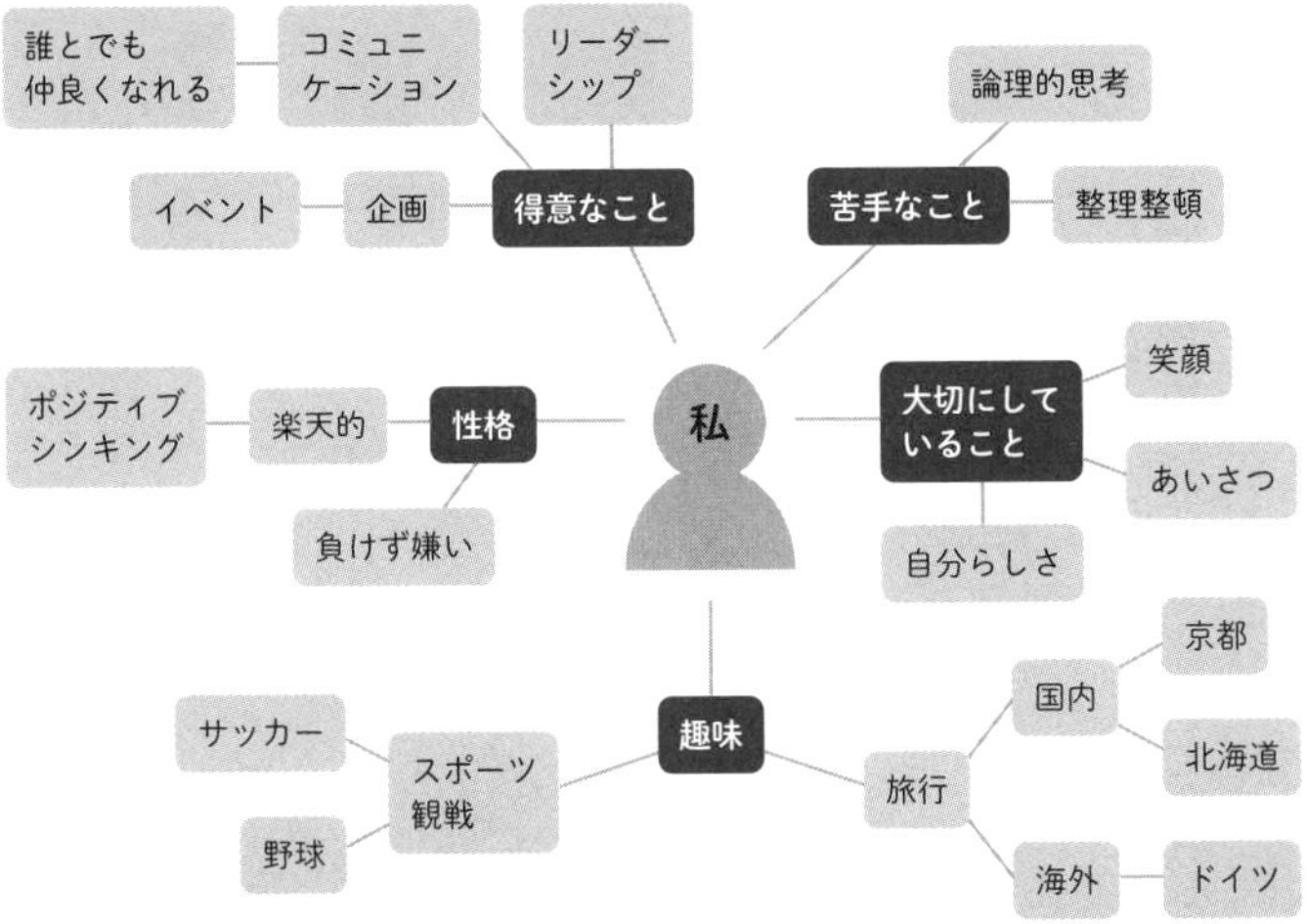

● ライフラインチャートの実践例

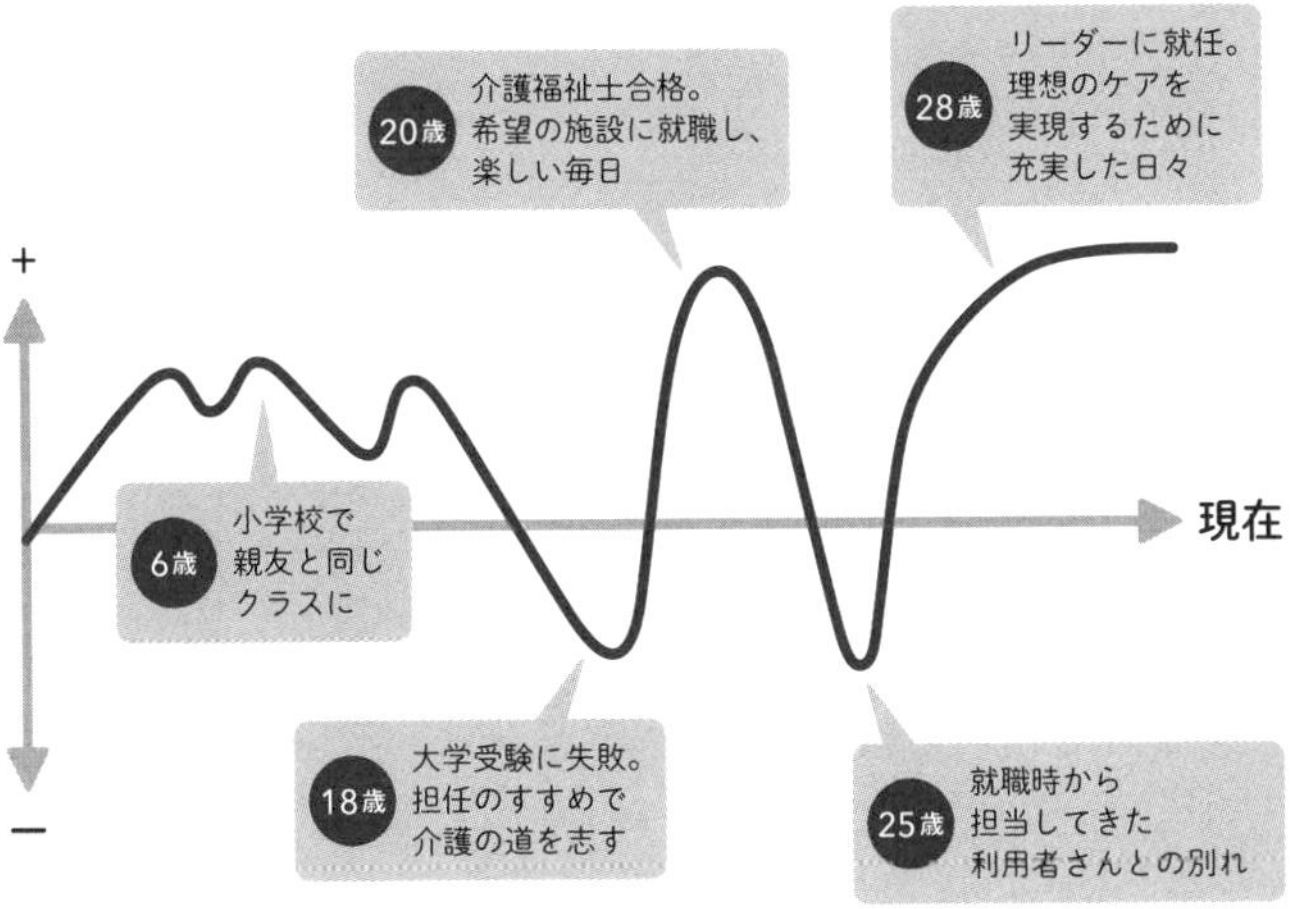

か／低かったのかを書き込んでいくことで、これまでの人生における主な出来事や満足度の変化を視覚的に理解することができるツールです。

そのように分析していくことによって、自分の価値観や判断基準を明らかにすることができます。

このほかにも、「自分史」「ジョハリの窓」「エニアグラム」など、自分を分析するためのツールは数多くあります。

みなさん自身の目で見て、「使いやすそうなもの」「自分に合いそうなもの」を選び、まずは試してみてください。

きっと、「いままで知らなかった自分」を知ることができるようになると思います。

自分の力を100％出しきるために

自分の力を出しきるためのカギは、「なんとなく」から脱却することです。

「この特性を活かすために、この順番で行動する」「弱点をカバーするために、必ずこの準備をする」というように、根拠にもとづいて自分を動かしていくことが重要です。

「自分」についての一番の専門家は、自分自身です。

みなさんが「自分」と向き合い、仲良くなることができれば、みなさんはもっている力をより発揮することができるようになります。

そして、自分を動かすコツをつかむことができるようになったときには、ぜひその体験をチームのメンバーにも伝えてみてください。

メンバー全員がより力を発揮することができるようになれば、みなさんのチームの力はこれまでと比べものにならないほど充実したものとなることでしょう。

みちしるべ2

4

チームメンバーの現状を分析する

リーダーとして、チームメンバーについての「専門家」になることを目指しましょう。

アイリさんのユニットには、研修中の新人スタッフのハルカさん、若手スタッフのタケルさん、中堅スタッフのケンタさんなど、個性豊かなメンバーがそろっています。

一人ひとりからじっくりと話を聴くと、それぞれ仕事やケアに対する熱い思いをもっていることがわかり、とても頼もしく感じられます。

「それぞれのメンバーにはどんな特徴があり、どのように接していけばいいんだろう……」

アイリさんは、先日の研修で習った「2軸のマトリックス」を使って、チームメンバーを分析してみることにしました。

●まずはメンバーのことを知ろう

チームとしてよりよいケアやサービスを実践するためには、チームの強みを活かして力を最大限に引き出すことが大切です。

同じメンバー構成であっても、リーダーのマネジメント力によって、発揮するパフォーマンスには大きな差が出てしまいます。

チームの力を引き出すための第一歩は、「メンバーのことを知る」こと。

リーダーに就任したばかりのみなさんには、まず、メンバー一人ひとりからじっくりと話を聴く機会をつくることをおすすめします。

どうして介護の仕事を志したのか、学生時代はどのようなことに打ち込んできたのか、いまはどのような役割を担っているのか、得意なこと、苦手なこと、好きなこと、嫌いなこと、趣味、将来の夢……。

メンバーのことを知れば知るほど、彼らの力を引き出すためのヒントを得ることができます。

●2軸のマトリックス

メンバー一人ひとりのことをしっかりと把握することができたら、得られた情報をもとに、それぞれの現状について分析していきましょう。

人やものを分析するためのツールにはさまざまなものがありますが、ここでは「2軸のマトリックス」をご紹介します。

「2軸のマトリックス」とは、その名のとおり、2本の軸を使って物事を分析する手法です。縦軸と横軸にそれぞれ特徴を代表するような要素を置くことで、分析対象の特徴を一目見てわかるようにすることができます。

複雑な事象をシンプルに見える化し、わかりやすく分析することができるので、ビジネスの世界ではよく用いられています。

注意すべきは、それぞれの軸に、バラツキが大きくなるような要素を選ぶこと。図に落とし込むうえで、あまり差が出ない要素を選ぶと、点が固まって特徴がわかりにくくなってしまいます。

例えば、チームのメンバーを分析するためには、「能力」と「やる気」という2つの要素を軸に使うことができます。

「能力が高くやる気もある」「能力は高いがやる気が低い」「やる気はあるが能力が低い」「能力もやる気も少し足りない」という4つのカテゴリーに分類すると、それぞれのメンバーに適切な育成法や指導内容が見えてくるでしょう。

「なんとなく」マネジメントをしていると把握するのが難しいメンバーの状況も、2軸のマトリックスに落とし込むだけで、それぞれの課題や進むべき方向性が見えてきます。

もちろん、この手法は、メンバーの育成だけではなく、購入する物品を選ぶときやイベントの計画をするとき、利用者さんの状態を把握するときなど、ありとあらゆる物事を整

● 2軸のマトリックス（Will-Skill マトリックス）

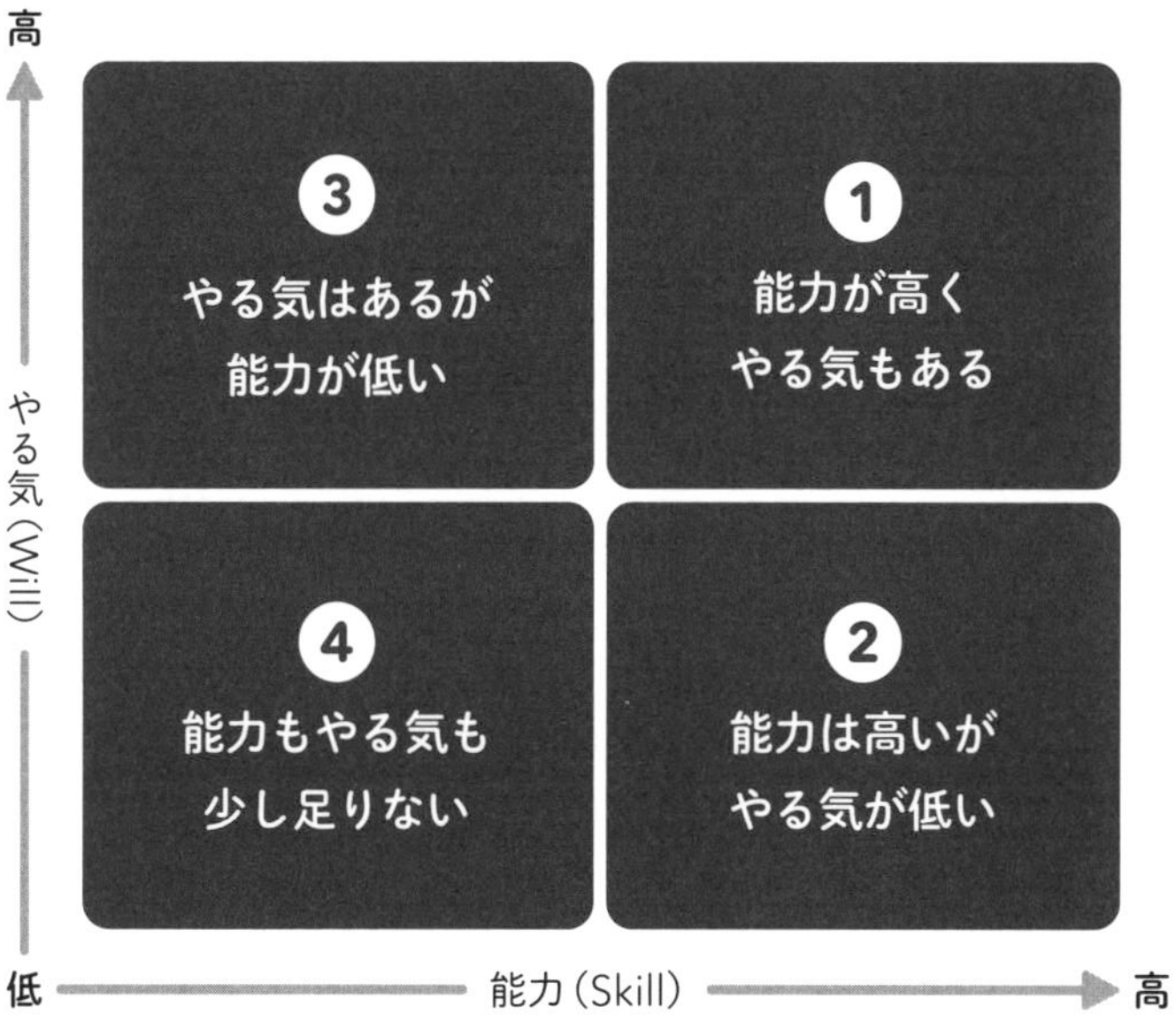

❶ 次期リーダーとしてマネジメント能力を高める

❷ 役割を明確にしてモチベーションアップを図る

❸ 基本的な知識をあらためて身につけてもらう

❹ あせらず手取り足取りていねいな指導を行う

理し、分析するときに用いることができます。

●多様化する介護の現場だからこそ

かつて、介護の仕事に就くには、福祉系大学や専門学校を卒業し、介護福祉士の資格を取って就職するという形か、未経験で就職し、働きながら資格を取得するという形が一般的でした。

しかし、人材の採用が難しくなった近年においては、年齢や性別、これまでの経歴など、介護人材は多様化しています。ＥＰＡや技能実習という制度を使って来日する外国人の介護士の数も多くなってきています。

このように急激に変化する状況において、これまでどおりの画一化されたマネジメントや人材育成の手法は通用しにくくなってきています。

チームの一人ひとりの力を引き出し、チーム全体の力を高めていくためにも、２軸のマトリックスのようなツールを使って分析し、メンバーのことを「よく知る」ことが大切です。

リーダーがメンバーについての「専門家」になることができれば、良好な関係性を築き、最高のチームをつくり上げることが可能になります。

みなさんのチームでも、ぜひ試してみてください。

みちしるべ2

5

「ケア観」を確立し、羅針盤とする

理想のケアを実践するための「理論」をチームで共有しておきましょう。

アイリさんがリーダーに就任して3か月が経ちました。

ビジョンを描き、チームの強みと弱みを知り、メンバーの現状分析もでき、いよいよチームが動き出そうとしています。

そんなとき、研修中の新人スタッフのハルカさんが聞きました。

「アイリさんの理想とするケアってどんなケアなんですか？」

アイリさんはユニットのカンファレンスの時間を使って、「パーソン・センタード・ケア」について話をすることにしました。

「ケア観」の共有は難しい!?

「介護現場のリーダーになる」ということは、自分の理想とするケアを実現するための近道です。

しかし、ケアは一人でできるものではありません。

チームで理想のケアを実現するためには、メンバー全員が同じ「ケア観」を共有し、それにもとづいて日々の仕事にあたることが大切です。

「利用者さんの〝普通の暮らし〟を実現したい」
「利用者さんのもっている力を最大限に引き出したい」……

みなさんの頭のなかは、ケアに対するさまざまな思いでいっぱいになっていることでしょう。

でも、みなさんが考える理想のケアを、人に伝えたときに理解してもらえるような言葉にすることは、簡単ではありません。
なぜなら、ケアというものは、多くの人の実践の積み重ねによって形づくられてきたからです。

みなさんも、一人ひとり異なる利用者さんの、日々変化する状態に合わせて、臨機応変に対応をしていることでしょう。

学校や研修で習ったり、教科書で読んだりしたとおりのケアが通用するとは限りません。何年もの経験のなかで、多くの利用者さんたちと接し、成功や失敗を繰り返しながら、いまのケアのスタイルを確立させてきたのではないでしょうか。

いわば、**「経験」と「勘」にもとづいてケアは行われている**のです。

しかし、多くの経験を積み、勘を鍛えなければケアが上達しないのであれば、介護現場で働くスタッフの育成にはとても長い時間がかかってしまいます。
また、スタッフ一人ひとりの異なる経験にもとづくケアの方法は、バラバラになってしまいがちで、チームで同じ方向を向くことは至難の業となってしまいます。

●トム・キットウッドの「パーソン・センタード・ケア」

このようなケアの置かれる状況、特に認知症ケアのあり方に一石を投じたのが、イギリスのブラッドフォード大学の教授であったトム・キットウッドです。

彼は、認知症の人を「〝認知症の〟人」としてではなく、「認知症の〝人〟」として捉え、ケアをされる本人を中心とした「パーソン・センタード・ケア」の理論を提唱しました。

この理論では、施設やスタッフの都合によって行われていた「医学モデル」のケアのあり方は「悪性の社会心理」として批判され、認知症の人の「その人らしさ」を重視したケアのあり方が追求されています。

また、キットウッドは、「文化」という言葉を使って、新しいケアのあり方を描き出しました。

従来の「古い文化」では「食事・入浴・排泄などの基本的ニーズを満たすもの」とされ

ていたケアは、「新しい文化」においては「〝その人らしさ〟を維持し高めるもの」として捉えられています。

例えば、行動障害（問題行動）への対応については、「上手に効率的に管理すること」が基本とされていましたが、「コミュニケーションの試みとして捉え、満たされていないニーズにかかわること」が重要であると見直されています。

そして、介護者の気持ちについては、「不安、感情、弱さなどを無視し、理性的に効果的に介護を続けること」が重要とされていましたが、「これらを介護の前向きな資源に変えること」が大切だ、とされています。

このように、「文化」を変えることによって、介護に携わるスタッフに変化がもたらされ、パーソン・センタード・ケアを実現することができるようになります。

この理論の登場は、どのように認知症の人をケアすればよいか、答えを見出すことができなかった世界中のケアの現場に大きな影響を与えました。

パーソン・センタード・ケアは、決してマニュアルやケアの方法論ではありません。最適なケアを見つけるための道筋を示してくれる「理論」だからこそ、世界中の現場に受け入れられ、今日も実践されているのです。

リーダーの「ケア観」がチームの羅針盤に

利用者さんたちと団らんの時間を楽しむとき、食事や入浴のサポートをするとき、トラブルの対応にあたるとき……。

現場でケアに携わっていると、瞬時に最適な行動を選択するために、さまざまな判断を行わなければなりません。

判断がぶれたり、誤ったりしてしまっては、利用者さんのもっている力を失わせてしまうことにもつながりかねません。

特に、経験の浅い若手のスタッフにとっては、毎日が緊張の連続で、判断が正しかったのかどうか、家に帰ってからも頭を悩ませることがあるでしょう。

そんなとき、ケアの実践の拠り所となる理論や、チームで統一された「ケア観」があれば、一つひとつの判断の大きな助けとなります。

後日、その判断を振り返る機会には、評価の軸としても役立てることができるでしょう。

みなさんがマネジメントを学び、チームを動かしていくのは、突き詰めれば「理想のケアを実践するため」といえます。

その羅針盤となるみなさんの「ケア観」をもう一度見直し、チームメンバーに日々伝えていきましょう。

コラム

「師匠をもとう！」

リーダーとしての仕事の仕方を身につけるには、身近に「師匠」となる人をもつのが一番の近道です。

ちょっと悩んだとき、判断に迷ったとき、思いどおりにいかないとき……。そんなときにアドバイスをしてくれる上司や先輩がいれば、一つひとつ確認しながら仕事を進めていくことができます。

また、その「師匠」の動き方をじっくりと見ていれば、リーダーとしての立ち居振る舞いや仕事術、スタッフへのちょっとした声のかけ方など、多くのことを学ぶことができるでしょう。

身近にそのような存在の人がいない場合は、世界で活躍するリーダーや有名人でも大丈夫。会ったことがなくても、「私淑」といって密かに尊敬し、模範にすることで、その人から学ぶことができます。

そしていつか、みなさんが「師匠」となって新人リーダーを育てる日が来る頃には、理想のケアの実現にまた一歩近づくことができることでしょう。

みちしるべ

3

チームメンバーの力を引き出して育てよう

みちしるべ3

1

チームメンバーを育てるほんとうのOJTを行う

「新入職員はとりあえず現場に入れる」では、うまくいきません！

ここは
こうやって
アイリさんは
こう言ってたけど…

アイリさんのユニットに、新人スタッフのハルカさんが配属になりました。

久しぶりの新メンバーに、先輩スタッフたちも気合い十分。勤務が一緒になったスタッフがそれぞれ一生懸命仕事を教えていきました。

ところがある日、ハルカさんからアイリさんに相談がありました。

「みなさんの教え方がバラバラで、私、どうやって仕事をしたらいいのかわかりません。このままでは続けられないかもしれません……」

介護現場のＯＪＴがうまくいかない理由

介護現場における人材育成は、上司や先輩が実際の仕事を通して指導するＯＪＴ（On the Job Training）で行われることが一般的です。

にもかかわらず、「ＯＪＴがうまくいかずに苦労している」という声は少なくありません。

現場に行って話を聞いてみると、「ＯＪＴとは何か」「正しいＯＪＴの方法」が理解されていないケースがほとんどです。

ＯＪＴという名の「現場に入れてほったらかし」になってしまっているのです。

ＯＪＴって何？

ＯＪＴはもともと、「職業訓練の父」として知られるチャールズ・Ｒ・アレンによって、第1次世界大戦中に、造船所作業員の緊急訓練プログラムとして生み出されました。現場での仕事を通じて、業務を行ううえで必要な知識や技術などを「意図的」「計画的」「継続的」に指導する教育手法です。

OJTは、次の4つのステップで行います。

1 Show（やって見せる）：最初からいきなりやらせるのではなく、実際に現場での業務を見せることで、イメージをもってもらう。

2 Tell（説明する）：単なるHow toではなく、その業務の意味や背景も含めて説明する。質問も受けつけ、一方通行の説明にならないようにする。

3 Do（やらせてみる）：指導者の見守りのもと、実際に業務をやってもらう。

4 Check（評価し、追加で指導する）：実際にやってもらった内容を評価して改善点を伝えるほか、説明が不十分だった点について再度教える。

「とりあえず現場に入れて仕事を覚えてもらう」のは、OJTではありません。

介護の現場では、ちょっとしたミスや失敗が利用者さんの生命にかかわる可能性もあります。

「一つひとつのケアや業務について、「なぜそれを行うのか」ということを含めて理解してもらい、実際にできるようになるまで何度も説明・実践・評価を繰り返すことが大切です。

育成計画を立てることの大切さ

このように、人材育成に大きな力を発揮するOJTですが、デメリットもあります。

それは、教える側のスキルの差により習熟度に差が出てしまうこと、また、本来身につけるべき知識や技術を体系的に学ぶことが難しいということです。

このデメリットを解消するためには、「育成計画」を立てることが大切になります。

入職したばかりのスタッフがまず覚えるべきことは何か。

ケアの理念、介護技術、緊急時の対応、認知症ケア、記録のつけ方、上司への報告の仕方……。数え上げればキリがありません。

3か月後、6か月後、1年後には何を習得しておくべきなのか、チームで議論をしながら、順序立てて体系的に整理してみましょう。

この作業は、自分たちの日々の業務を細分化し、優先順位や重要度などを見直すことにもつながります。

この作業をするうえで大切なのが、「MECE《ミーシー》」（Mutually Exclusive and Collectively Exhaustive：モレなくダブりなく）という概念です。

当然教えるべき肝心なことが抜けてしまっていた、ということにならないように、テーマごとに確認してみましょう。

また、育成計画を立てたとしても、全員が同じペースで成長するわけではありません。

新入職員一人ひとりのペースや特性、得意なこと・苦手なことなどに合わせて、オーダーメイドの育成計画をつくり上げていくことが重要です。

また、定期的に評価・見直しを行えば、計画はより効果的なものとなるでしょう。

●OJTのカギを握る、世話係・メンター制度

介護現場の人材育成はチームで行うことが基本ですが、担当の世話係/指導係をつけることは、指導方法のバラツキを抑え、気軽に相談できる相手をもてるという点で、大きなメリットがあります。

最近では、仕事面の指導だけでなく、メンタル面のサポートやプライベートも含めて人生相談にのる「メンター制度」を導入する事業所も増えてきています。

ここでポイントとなるのは、世話係やメンターの育成です。

指導内容や指導方法に関する教育を行わず、「面倒見がよい」「性格が合いそう」といった理由だけで任命すると、世話係・メンターにとって大きな負担となってしまいます。

特にメンターの場合、新入職員と一緒になって悩みすぎたり、プライベートに入り込みすぎたりすることで、メンター自身がメンタルの不調を訴えたり、最悪の場合、退職につながってしまうケースもあります。

どのようなビジョンのもとに人材を育成するのか、具体的な方法論を含めて世話係やメンターを指導することにより、新入職員だけでなく、ベテランのスタッフたちの育成にもつながります。

長期的な視点をもって、〝人を育てられるスタッフを育てる〟ことが重要です。

みちしるべ3

2

コミュニケーションは「相手に伝わる」ことを意識する

「どうしてわかってくれないの!?」を防ぐためのポイントを押さえておきましょう。

あれだけ言ったのに
どうして?
すっすみません

最近のアイリさんの悩みは、入職して3年目の若手スタッフ、タケルさんのこと。

そろそろ現場での仕事に慣れてきたはずなのですが、言われた仕事をやっていなかったり、指示がうまく伝わっていなかったりすることもしばしば。

今日も、利用者さんの送迎準備の手順を間違っていて、まわりのスタッフに迷惑をかけてしまうことに。

「あれだけ言ったのにどうしてわかってくれないの!?」

アイリさんは強い口調で注意してしまいました。

●介護リーダーのコミュニケーションの悩み

介護の仕事をするうえで、利用者さんやご家族、上司・同僚とのコミュニケーションは、欠かすことができません。

介護福祉士のカリキュラムに「コミュニケーション技術」が設定されていることからもわかるように、介護職は「コミュニケーションのプロ」ともいえるでしょう。

しかし、利用者さんとのコミュニケーションは得意なのに、相手がスタッフとなると難しい……という悩みをかかえるリーダーは少なくありません。

「あれだけ言ったのに伝わらない」「どう説明すればあの人に伝わるのでしょうか」という声をときどき耳にします。

しかし、リーダーとしてチームを動かしていくカギはコミュニケーションにあるといっても過言ではありません。

そこで、コミュニケーションとは何かについて、もう少し深く考えてみましょう。

●コミュニケーションとは何か

ふだん、日常生活においても何気なく使っている「コミュニケーション」という言葉。語源をひも解くと、英語の"communication"は、ラテン語の「communis（共通の）」と「munitare（通行可能にする）」に由来するといわれています。

つまり、人間の間で行われる、知覚や感情、思考の伝達がコミュニケーションです。

大切なのは、コミュニケーションは相手に伝わって初めて成立するものだということ。リーダーが発信をしたり指示をしたりしても、その情報がチームメンバーに正確に理解され、期待する行動が起こされなければ、意味がありません。

コミュニケーションの双方向性の大切さを確認する、簡単なワークがあります。

● 双方向コミュニケーションのワーク

用意するもの

- A4の紙
- 筆記用具

次の指示どおりに絵を描いてみましょう。

1. 紙の右上の隅から左下のほうに向けて、星が１つ落ちてきました。

2. その星の下に１軒の家が建っています。

3. その家の前には大きな池があって、アヒルが３羽泳いでいます。その家の玄関には旗竿が立っていて、日の丸の旗がかかっています。

4. その家の後ろには、大きな木が１本立っていて、その木のてっぺんのところに三日月が見えます。

5. 渡り鳥が２、３羽飛んでいます。

星野欣生『人間関係づくりトレーニング』
金子書房、2003年

このワークでは、人それぞれ違う絵が完成することから、まったく同じ指示を受けたとしても、人によって理解が異なる可能性があることを実感できます。

介護の仕事において、「もし利用者さんに関する重要な指示が誤って理解されていたら……」と考えると、ゾッとしますね。

情報を発信するときは、相手が正確に理解できているかを常に確認する必要があります。

「相手に伝わって初めてコミュニケーションが成立する」ということを忘れないようにしましょう。

非言語のコミュニケーションも大切

アメリカの心理学者、A・メラビアンは、「感情や態度に矛盾のあるメッセージが発せられた場合、人は、言語情報7%・聴覚情報38%・視覚情報55%と、非言語情報を重視する傾向がある」という法則を発見しました。

例えば、同じ「ありがとう」という言葉でも、手を止めて相手の目をしっかりと見てにこやかに言う場合と、何か作業をしながら相手に顔も向けず早口で言う場合とでは、相手が受ける印象はまったく異なります。

後者の場合、「口では〝ありがとう〟って言ってくれたけど、間違ったことをしてしまったかな……」と、相手を不安にさせてしまうこともあるかもしれません。

忙しいとき、余裕がないときこそ、スタッフからの質問や声かけにていねいに対応するように心がけてみましょう。

また、介護現場ではマスクをして仕事をする機会も多いかと思います。

表情が伝わりにくくなっていることも意識して、目の動きやジェスチャーを効果的に使うことが大切です。

●「よいコミュニケーション」をとるために

介護に関する知識や経験、指示に対する理解力は、スタッフ一人ひとりで異なります。大切な情報を伝え、「意図を理解して実行してもらう」ためには、それぞれに合わせたコミュニケーションの方法を用いることが重要です。

「どうしてわかってくれないの!?」ではなく、「どうやったら伝わるかな?」を考えること。

これが、「よいコミュニケーション」をとるための第一歩となるでしょう。

みちしるべ3

3

SL理論を活用して指示を出す

新人スタッフと中堅スタッフに、
同じ伝え方をする必要はありません。

「みんなに頼られるリーダーになりたい！」と日々奮闘するアイリさん。

チームのメンバー全員に平等に接することを心がけ、一人ひとりに細かく指示を出し、困っているスタッフにはすかさずフォローをするようにしています。

ところがある日、中堅スタッフのケンタさんから、「そんなに細かく言われなくてもちゃんとできますから！」と言われてしまいました。

アイリさんは、これまでよかれと思って一生懸命やってきたことが伝わらないことに、ショックを受けています。

●チームの多様なメンバーを育成するには……

みなさんのチームのメンバー構成は、どのようになっているでしょうか。

介護の仕事を始めたばかりの若手スタッフもいれば、チームのなかで頼りになる5年以上のキャリアをもつ中堅スタッフもいることでしょう。

なかには、みなさんより年齢が上だったり、経験年数が長かったりするベテランスタッフもいるかもしれません。


このように多様なメンバーを育成していくとき、全員に同じ方法で指示を出すべきなのでしょうか？　それとも、一人ひとりに合わせた指導方法をとるべきなのでしょうか？

●SL理論

こんなときに参考になるのが、P・ハーシーとK・ブランチャードによって提唱された

● SL理論：4つのリーダーシップスタイル

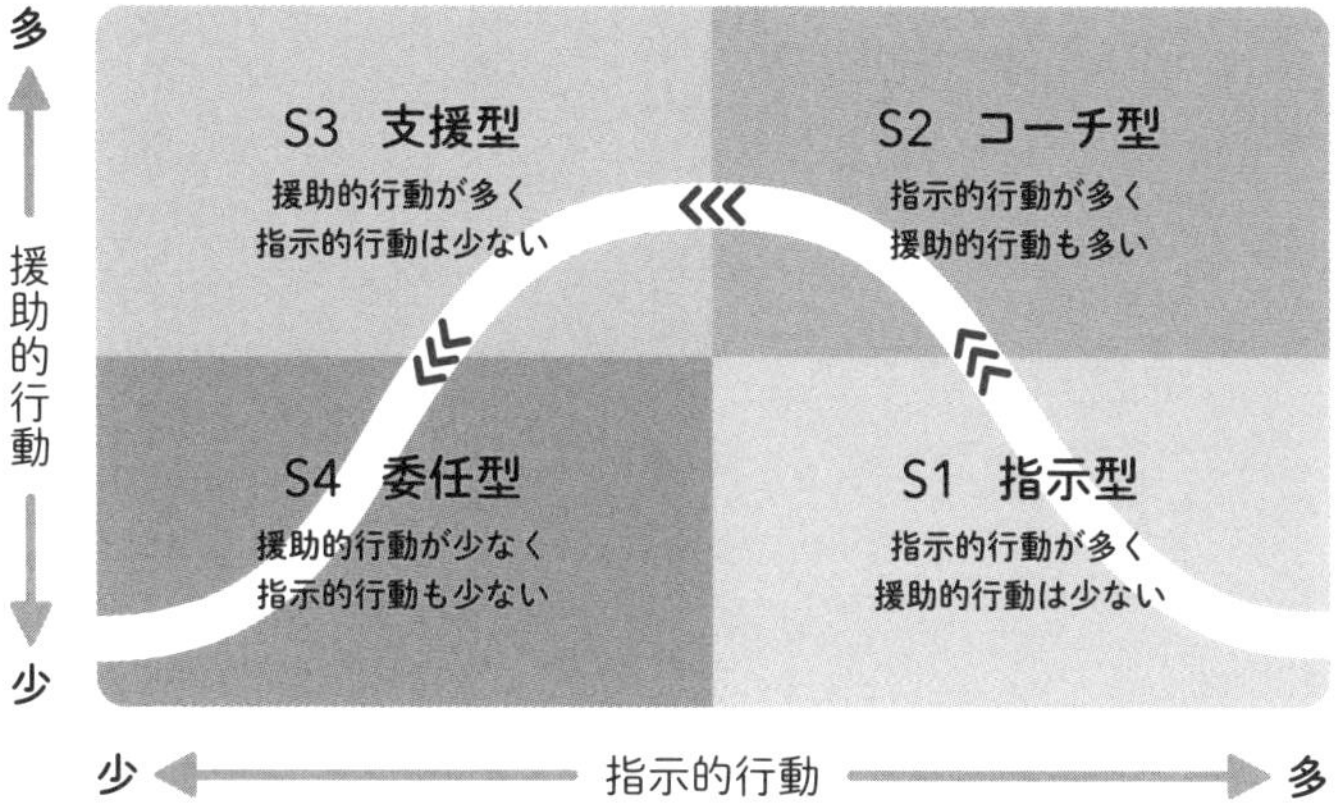

「SL（Situational Leadership）理論」です。

これは、チーム内の多様な人材に対して一律に指導するのではなく、フォロワーの成熟度合いに応じて適切なリーダーシップスタイルを使い分けることが効果的だと説く、条件適応型のリーダーシップ理論です。

この理論では、縦軸に「援助的行動」、横軸に「指示的行動」を置き、リーダーシップスタイルを、

・S1＝指示型リーダーシップ
・S2＝コーチ型リーダーシップ
・S3＝支援型リーダーシップ
・S4＝委任型リーダーシップ

の４つに分類しています。

そして、フォロワーが新人（能力：低／モチベーション：高）の場合にはＳ１、少し成熟した段階（能力：低・中／モチベーション：低）ではＳ２、さらに成熟の進んだ段階（能力：中・高／モチベーション：中）ではＳ３、そして成熟度の高まった段階（能力：高／モチベーション：高）ではＳ４が効果的としています。

介護現場でのＳＬ理論

では、このＳＬ理論を実際の介護現場に当てはめて考えてみましょう。

配属されたばかりの新人スタッフ（Ｓ１）

高いモチベーションをもっているものの、知識や経験はまだまだ不十分な状態。サポートをするよりもしっかりと指示を与える「指示型リーダーシップ」を使って、小さな成功体験を積み重ねられるようにしましょう。

仕事に慣れてきた若手スタッフ（S2）

仕事に関する知識は身についてきたけれど、モチベーションが少し下がっている状態。指示もサポートもしっかり与える「コーチ型リーダーシップ」が効果的です。仕事に対する疑問点を解消し、やる気を引き出していきましょう。

経験を積んだ中堅スタッフ（S3）

仕事に関する能力が高まり、モチベーションも上がってきた状態。サポートをしつつも指示を少し減らした「支援型リーダーシップ」が効果的です。スタッフが自分で意思決定できるようにしていきましょう。

チームを支える次期リーダー（S4）

十分な経験を積み、仕事に関する知識が高まり、モチベーションも高まっている状態。この段階では、責任をもって仕事ができるようになっているので、指示もサポートも減らし、「委任型リーダーシップ」で独り立ちを支えていきましょう。

みなさんが仕事をする介護の現場で、いまチームのメンバーがどの成熟段階にいて、どのような指導を行うことが有効かを考えることは、一人ひとりの能力を引き出していくうえで重要です。

また、一人のメンバーでも、タスクによって成熟度合いが異なる、というケースもあります。

この場合は、それぞれの場面でメンバーが置かれる段階に応じた対応が求められます。

このように、状況に応じてリーダーシップスタイルを使い分けるトレーニングをすることは、リーダーとしての能力開発という点でも効果的でしょう。

SL理論を活かすために

「スタッフによって対応を変えていると、ひいきをしていると受け止められてしまうのではないでしょうか……」

そんな心配をする人もいるかもしれません。

確かに、すべてのスタッフに対して「平等」に接することは、リーダーとして大切なことです。

でも、いま手助けを必要としているスタッフにより多くの時間を割いたり、ていねいな指示を出したりすることは、「公平」な対応といえるでしょう。

スタッフ一人ひとりのもっている力を最大限に引き出し、高いモチベーションを保ちながら成長できるようにするために、みなさんのチームでもSL理論を活用してみてください。

みちしるべ3

4

コーチングの技法を活用して声をかける

相談してもらいやすくなる声かけの方法を押さえておきましょう。

入職して3年目のタケルさんのことについて、アイリさんは悩みが絶えません。

タケルさんは仕事をするうえでの基本的な知識を身につけて、経験もそれなりに積んできましたが、同期のほかのスタッフと比べるとどうも伸び悩んでいるようです。

アイリさんは「困ったことがあったらいつでも聞いてね」と声をかけているものの、タケルさんが自分から声をかけてくることはほとんどありません。

「私の育て方が間違っているのかしら……」

アイリさんは少し自信を失ってしまいました。

●「育てる」ことの難しさ

令和４年度介護労働実態調査によると、「職場での人間関係等の悩み、不安、不満等」のなかで最も大きな割合を占めていたのが、「部下の指導が難しい」という項目でした。リーダーのみなさんがスタッフの育成に頭を悩ませている様子がうかがえます。

残念ながら、多くの介護現場において、「人を育てる」方法は教えられていません。かつて自分が指導されたようにやってみたり、ほかのリーダーのやり方をまねてみたり、結局は「経験」と「勘」に頼った育て方をしているのが現状ではないでしょうか。一日も早く理想の姿に近づけようと、力を入れすぎてリーダーが空回りしてしまったり、逆にスタッフの負担にならないように気を遣いすぎて、本人の可能性や能力を引き出せなかったり、というケースがよく見られます。

こんなときに役立つのが、スタッフ一人ひとりのもつ力を最大限に引き出し、成長や変化を促すプロセスである「コーチング」です。

● コーチングとは

近年、ビジネスやスポーツの世界において、コーチングの手法は、人を育てる方法論として広く取り入れられています。

もともと「馬車」を意味する「コーチ」という言葉は、「目的地に連れていく」ところから「家庭教師」を意味するようになり、やがて多くの分野で用いられるようになりました。

1959年、ハーバード・ビジネススクールのM・メイスが著書のなかで、マネジメントにおけるコーチングの重要性を指摘したことから、マネジメントスキルのひとつとしてビジネスの世界にも広がっていきました。

日本でも、2000年頃から経営者やマネジメント層の育成に使われるようになり、現在では、家庭や教育現場、医療現場においてもコーチングが用いられています。

コーチングのGROWモデル

コーチングにはさまざまなアプローチやモデルが存在しますが、ここではスタッフの目標達成をサポートする手法である「GROWモデル」をご紹介します。

GROWモデルでは、次の4つのステップに沿ってコーチングを行っていきます。

1 G（Goal：目標）

まずは、実現したい理想の状態を設定します。

「夢」ではなく、具体的なゴールを設定することが、実現に近づくためのポイントです。

2 R（Reality：現状）

次に、スタッフが置かれている現状を確認します。

スタッフ自身がゴールと現状のギャップを認識することで、何が妨げになっているのかを分析することができます。

3 O（Options：選択肢）

現状を変え、ゴールに近づくために、どのような選択肢があるのかを洗い出します。答えを教えるのではなく、スタッフが自由に発想できるようにサポートしましょう。

4 W（Will：意志）

ゴールに向かって前進するために、何をどのように実行するのかを決定します。このときに大切なのは、スタッフ自身が自分の意志で決定するということ。

さあ、最初の一歩を踏み出しましょう！

●声かけのポイント

コーチングを行ううえで気をつけなければならないのは、「必要とされるとき」に「適切」に声をかけること。

「そのタイミングがいつなのかわからない」と心配することはありません。

日頃からスタッフの仕事ぶりや表情などをよく観察していれば、自然と見えてきます。また、彼らが直面している課題を把握しておけば、大きなヒントになるでしょう。

声をかけるときは、「具体的な」話をすることがポイントです。

そして、スタッフが声をかけてきたときは、たとえ忙しかったとしても、一旦手を止め、「聴く姿勢」を示すようにしてください。

せっかく勇気を出して声をかけたのに、忙しそうに「ちょっと後にしてくれる？」と言われると、次から声をかけにくくなってしまいます。

私にとって最もすぐれた1分間は部下のために使う1分間だ

世界のビジネス界におけるマネジメントのあり方に大きな影響を与えた『新1分間マネジャー』（ダイヤモンド社、2015年）のなかに、このような一節があります。

「あなたのために時間をとります」というのは、会話の内容以上に重要なメッセージとなることを覚えておきましょう。

● よい声かけとそのポイント

×

「元気？」
「最近仕事はどう？」

↓

○

「カンファレンスで
話題になった
○○さんのケア、順調？」
「この間
早退していたけど、
体調はもう大丈夫？」

ポイント

具体的な場面を提示し、
答えやすい質問に
しましょう。

×

「困ったことがあったら
何でも聞いてね」

↓

○

「資料を準備していて
わからない部分が
あったら聞いてね」
「○○さんのケアで
困ったことがあったら
相談してね」

ポイント

何をどのようなタイミング
で聞けばよいかを伝えて
おきましょう。

みちしるべ3

5

スタッフの思いを定期的に聴き取る

スタッフのやる気を向上させるための取り組みについて学んでおきましょう。

「私、来月末で退職してほかの施設に移ります。いままでお世話になりました」

アイリさんはある日、チームのなかでもひときわ頼りになるスタッフから、突然このように告げられました。

「いずれは私の後継者に」と考えて目をかけて育ててきたアイリさん。まったく想定もしていなかった事態に、驚きを隠せません。

なぜ、このようなことになってしまったのでしょうか……。

「突然の退職」を防ぐための取り組み

近年、介護業界の離職率は、各事業者の取り組みや処遇改善の効果により、ほかの業界と遜色ない水準にまで改善してきました。

しかし、介護リーダーたちの頭を悩ませているのが、「突然の退職」。早い段階から相談を受けていれば、退職を引き止めたり、計画的に次の人材を採用したりすることができますが、想定外の退職は、組織にとってもチームにとってもダメージが小さくありません。

このような状況で注目を集めているのが、上司とメンバーとの定期的な対話である「1on1ミーティング」（以下1on1）です。

世界中の多くの企業で人材マネジメントの手法として取り入れられ、最近では介護の事業所でも導入するところが増えてきました。

1on1が一般的な面談やカウンセリングと大きく異なるのは、「全員に対して定期的に実施する」という点。

悩みをかかえていたり、ミスをしたりしたメンバーと話す機会は多くても、「順調なメンバー」と時間をとって話をする機会はあまり多くありません。

しかし、突然の退職を防ぐためには、「順調なメンバー」との対話がカギになります。

1on1ミーティングの実際

1on1は、定期的にアポイントメントをとって実施します。

週1回から月1回の頻度で、30分から1時間程度行うのが一般的ですが、最初から形にこだわりすぎるのではなく、まずはスタートすることが重要です。

それでは1on1の実際の流れを見ていきましょう。

1 アイスブレイク

まずはお互いの緊張感をほぐし、場を和ませましょう。最近のニュースや共通の趣味の話題など、話しやすいテーマを事前に用意しておくと導入がスムーズです。

ここで気をつけたいのは、単なる雑談で終わらせないこと。心身の不調や仕事に対するストレスがないか、注意を向けてみてください。

また、相手が話しにくそうにしている場合には、こちらから自己開示をすることで、話しやすい雰囲気をつくることができます。

2 前回のおさらい

前回の1 on 1以降の出来事や、アクションプランの実施状況の確認をしてみましょう。

忙しくて手をつけられていないケースもあるかもしれませんが、それを責めるのは厳禁。「何が忙しかったのか」「どうして手をつけられなかったのか」をうまく探り出してみてください。

仕事の負荷の状態から、業務改善のヒントが見つかるかもしれません。

3 メインセッション

メインセッションのテーマは、最初のうちは事前に設定しておくことをおすすめしますが、リーダーが一方的に決めるのではなく、「一緒に」考えることが大切です。

「チームのビジョン」「日常業務の改善」「個人の目標設定・評価」など、その時々の必要性に応じて設定してみましょう。ただし、単なる「業務連絡」や「業務報告」にならないように注意してください。あくまでも「メンバーのため」に実施するのが1on1です。

深く話を聴くなかで表面化してきた問題や課題については、解決法を探り出していきましょう。でも、決して「答えを与える」のではなく、「答えにたどり着く手助けをする」ことが重要です。

4 アクションプランの確認とまとめ

メインセッションで話したことは、「何を」「いつまでに」「どのような手段で」行うか、具体的なアクションプランに落とし込みましょう。高すぎる目標はプレッシャーになってしまうので、「スモールステップ」でプランを立てることがポイントです。

話し合ったこと、気づいたこと、アクションプランの内容などは、「1on1シート」を使って記録していくことで、成長のプロセスを分析・評価できるようになります。

1on1で最も重要なのは、「聴く」技術です。

特に、話し手が言語／非言語で発するメッセージを観察し、本質的な意図や感情を汲み取ることで、主体的に内容を把握していく「アクティブリスニング（積極的傾聴）」がよく用いられます。

また、リラックスして話しやすい環境をつくるためには、コーヒーやお菓子を用意したり、時には場所を変えたりしてみることも効果的です。

座る位置関係は、L字型が相手の意見に耳を傾けやすく1on1に適していますが、それが難しいケースでは、横並び型でいすを斜めに傾けたり、対角線上に対面で座ったりするという手もあります。

そして、**1on1の最後には、あらためて「日頃の感謝の気持ち」や「応援しているというメッセージ」を伝え、モチベーションを高めることができるようにしてください。**

「さあ、頑張ろう」という前向きな気持ちをもってもらうことが理想的です。

● 1on1ミーティングの主役はメンバー

1on1を行ううえで最も重要な前提は、「そのメンバーについて最もよく知っているのは、そのメンバー本人である」ということ。

メンバーが自分の力で気づき、成長するプロセスを支援するのがポイントです。

1on1が機能しだすと、やる気を失いかけていたメンバーたちが再び情熱をもって仕事に取り組むようになり、「突然の退職」に驚かされることは減っていくことでしょう。

確かに導入にあたっては、事前の説明や時間・場所の確保、リーダーの研修など、組織が一丸となって取り組むことが必要となります。

しかし、メンバーを成長させ、強い組織をつくっていくためには、チャレンジする価値のあるツールです。

コラム

「仲間をつくろう」

リーダーになったばかりのみなさんは、「リーダーってこんなに孤独だったんだ」と思うかもしれません。

でも、それはみなさんだけではありません。

どんな世界においても、リーダーは孤独と戦っています。

そんなときはぜひ、仲間をつくりましょう。

同じ立場のリーダーとして、悩みを共有したり、共感したり、ほかのチームでの事例を聞いたりすることは、たくさんのヒントを得ることにつながると思います。

もし、身近に見つけるのが難しい場合は、外部のリーダー向け研修などに積極的に参加してみましょう。きっと、同じ悩みをかかえる人たちが集まってきているはず。

施設や組織の枠を超えて、リーダーの仲間の輪が広がっていくと素晴らしいですね。

みちしるべ

4

メンバー全員が仕事を楽しめるチームをつくろう

みちしるべ4

1

チーム・ビルディングで人間関係を構築する

単なる「人の集まり」ではなく、
成果を上げることのできる「チーム」を
つくりましょう。

アイリさんのユニットで働いていた入職5年目のケンタさんは、新設のユニットのリーダーを任されることになりました。メンバーには施設でも優秀なスタッフがそろっています。
でも、数か月経ってもメンバーがまとまらず、本来の力をなかなか発揮できません。

一方、新人や育成に時間がかかりそうなスタッフが多く配属されているキョウコさんのユニットは、メンバーが一丸となり、もっている力を最大限に発揮して高い評価を得ています。

この違いは、どこから生まれてきたのでしょうか……。

グループとチームの違い

人々の集まり・集団や、共通の性質をもつ人たち、また同じ組織に属する人たちのことを、「グループ」といいます。

同じユニットで働くスタッフたちは、間違いなく「グループ」ということができます。

その一方で、同じように人々の集まりや集団を表す言葉に、「チーム」があります。

「チーム」とは、全員が共通の目的や目標のために集まった集団で、達成のために力を合わせて行動をするものです。

勝利という目標に向かって力を合わせるスポーツのチームや、企業内で特定の目標達成のために集められたプロジェクトチームなどがイメージしやすいでしょう。

一見、同じように見える「グループ」と「チーム」ですが、仕事の場面で生み出す成果には大きな違いがあります。

グループの成果は、個人のもつ力の合計となります。10の力をもったメンバーが10人集まれば、100の成果が出ます。
一方、チームの場合、メンバーの経験や能力を組み合わせることによって、個人の力の合計以上の成果を出すことが可能です。10の力のメンバー10人で、200や300の成果を出すことができるのです。

優秀なスタッフが集まっているのに思うように力が発揮できないケンタさんのユニットと、新人や若手中心でもしっかりと成果を出せているキョウコさんのユニットの差は、この「グループ」と「チーム」の違いがヒントになりそうです。

チーム・ビルディング

では、チーム・ビルディングの4つのアプローチをもとに、介護現場でのチームづくりの進め方を見ていきましょう。

目標を共有する

グループをチームにするために最も重要なのが、「目標の共有」です。

メンバー全員が同じ方向を向いて行動するためには、その先に同じ理想が見えていなければなりません。どんなユニットをつくっていきたいのか、どんなケアやサービスを実現したいのか、メンバーたちと何度も議論を重ねることによって、共通認識をつくり上げていくことができます。

目標を共有できれば、チームの一体感は高まり、達成に向けて協力し合う態勢を整えることができます。

チームでよい行動を実践し、成功体験を積み重ねていくと、メンバーのモチベーションは高まり、「自分たちのチーム」としての意識が生まれていきます。

役割を明確にする

チームとして最高のパフォーマンスを発揮するために重要なのが、メンバー一人ひとりの役割の明確化です。

チームのなかでの自分の役割を知るだけではなく、ほかのメンバーの役割や義務についても理解することで、それぞれが力を出しやすい環境をつくることができます。
また、ふだんから役割分担ができていれば、予期せぬ出来事が発生し、特定のスタッフに負荷がかかってしまうような場合でも、自然と協力し合うことができるようになります。

問題を解決する

チーム内に何か問題が発生したときや課題が見つかったときは、リーダーが一人でかかえ込むのではなく、メンバーで力を合わせて解決のためにアクションを起こすことが大切です。

ふだんから、グループワークやディスカッションを通して、チームで協力し、ひとつの目標に向かって取り組むというトレーニングを行うことによって、チームとしての力を高めることができます。

そうすれば、事故や急変などの緊急事態や予期せぬトラブルに直面したときも、自信をもって対応することが可能になります。

人間関係を構築する

チームとして仕事をしていくうえでカギとなるのが、メンバー間の信頼関係です。特に、利用者さんの生活を支える介護の現場においては、チームメンバーが長期的に固定され、常に同じ現場で仕事をするため、人間関係が緊密になる傾向があります。

チーム・ビルディングのトレーニングを継続的に行うことによって、日々の業務のなかで円滑なコミュニケーションを図ることができるようになります。

チーム内でお互いの価値観や仕事に対する姿勢を深く理解し、仕事上の知識やノウハウが共有されるようになることで、チームの問題解決力や生産性の向上にもつながります。

チームの一員としての自覚が生まれてくると、チームの目標達成に適したマインドセット（物事の見方・考え方）が形成されるようになってきます。

「チームのために」という意識が高まると、仕事に対するモチベーションがアップし、前向きな気持ちが醸成されるようになるでしょう。

チームの力を高めていくためには、チームのルールづくり、メールやチャットツールなどの活用、チームでの研修や勉強会の開催などがポイントになります。

時には職場を離れて、食事に行ったり、スポーツやゲームを楽しんだりすることも効果的です。

大切なのは、「チーム・ビルディング」もリーダーの仕事のひとつだと認識すること。

みなさんのチームを成長させる取り組みを、ぜひ始めてみてください。

みちしるべ4

2

タックマンモデルの考え方でチームを成長させていく

チームの成長段階に沿って、リーダーとしてのふるまい方を変えていきましょう。

A特別養護老人ホームでは年1回、地域の方々を招待して、大きなフェスティバルを開催しています。

今年のプロジェクトリーダーを任されたのは、アイリさん。各部署から集まったメンバーと一緒に、素晴らしいイベントにしようと日々奮闘しています。

チームの雰囲気はよく、「記念グッズをつくりましょう」「ゲストを呼びましょう」「ネットで発信しましょう」と議論も盛り上がっています。

でも、徐々に意見の対立も増えてきて、だんだんとチームの向いている方向がバラバラになってきてしまったようです……。

チームにも成長していく段階がある

新しいチームに配属されたとき、最初はよい雰囲気でスタートできたと思ったのに、だんだんとそれぞれのメンバーの考える方向性がバラバラになってきて、一緒に仕事をしていくのに苦労した……。

そんな経験をしたことがある方は少なくないでしょう。

人がいろいろなステージを経て成長していくのと同じように、チームにも成長していく段階があります。

そして、チームを目指す方向に成長させていくためには、成長段階に応じたアプローチを行うことが必要です。

心理学者のB・W・タックマンは、1965年に、組織の成長の段階を示す4段階の「タックマンモデル」を提唱しました（1977年にもう1段階追加され、現在は5段階のモデルとなっています)。

このようなモデルを学ぶことによって、チームが成長していく過程の各段階でリーダーがとるべき対応方法を身につけることができます。

タックマンモデル

それでは、タックマンモデルの5つの段階と、それぞれの段階にとるべき対応方法について確認していきましょう。

形成期(Forming)

チームが結成されたばかりの段階です。

まだお互いの人間性や能力、価値観などを把握していないので、不安や緊張を感じたり、探り合いながらぎこちないコミュニケーションが行われたりします。

この段階で大切なのは、リーダーがしっかりとビジョンや目標を提示すること。

また、相互理解を深めるために、グループワークをしたり、交流会を開いたりすることも効果的です。

混乱期（Storming）

意見が対立したり、軋轢が生まれたりしてくる段階です。

チームでの活動がある程度進んでくると、メンバー一人ひとりの仕事の進め方や考え方の違いが明確になってきます。

ここで大切なのは、リーダーが焦ってなんとかまとめようとしないこと。逆効果になってしまう場合もあります。

メンバー間でしっかりと議論を重ね、合意形成（p.144参照）をすることが効果的です。

統一期（Norming）

さまざまな意見の食い違いや、仕事の進め方・考え方の違いを乗り越え、到達する段階です。

この段階になると、メンバーがビジョンや目標を共有し、同じ方向を向いて仕事を進めることができるようになります。

ここでリーダーに求められるのは、チームが正しい方向に向かっているか、随時チェックを行うこと。

必要に応じて軌道修正をしながら、チームがより高いパフォーマンスを発揮できるように導いていきましょう。

機能期（Performing）

チームがもつ力を最大限に発揮し、活動を積み重ね、次々と成果を上げていく段階です。

ここまでの段階を経るなかで、チームは多くの成功体験を積んで成長してきたこともあり、リーダーが細かな指示を出したり軌道修正をしたりしなくても、メンバーが主体的に動き、チームが機能します。

重要なのは、この機能期をいかに長く続けることができるか、という点。

リーダーは、メンバーの状態に常に注意を向け、サポートやメインテナンスにも力を入れることが必要です。

散会期（Adjourning）

どれだけ素晴らしいチームでも、同じメンバーで永遠に活動することはできません。チームには必ず始まりがあり、終わりがあります。

短期的なプロジェクトであればチームは解散することになりますし、ユニットなどの固定されたチームでもメンバーの入れ替わりは避けられません。

ここで大切なのは、その「終わり方」。

現在のチームでの経験や学びを次の場でも活かせるように、リーダーには前向きな声かけや雰囲気づくりをすることが求められます。

介護現場でのタックマンモデル

では、このタックマンモデルを介護現場でどのように活用していけばよいでしょうか。

まずカギになるのは、いま、みなさんのチームがどの段階にいるかということを正しく認識することです。

それぞれのステージで求められるリーダーの役割は異なるため、適切ではないタイミングでアクションを起こすと、逆効果になってしまう場合もあります。

逆に、現在のステージを意識できていれば、リーダーとしての力をより発揮しやすくなり、リーダー自身の成長にもつながるでしょう。

特に、マネジメントの難しい混乱期をどう乗り切るかは、チームを成長させていくための重要なポイントです。

目に見える衝突が起こらなかったとしても、水面下で不満が蓄積されている、というケースは少なくありません。

混乱期を「避ける」のではなく、成長のために必要なプロセスとして捉え、「乗り越える」ことで、チームを統一期・機能期の段階に進め、高いパフォーマンスを発揮することが可能になります。

みなさんのチームを前向きに成長させていくために、ぜひ参考にしてみてください。

みちしるべ4

3

「FISH！ 哲学」で活気あふれるチームをつくる

チームの雰囲気をよくするための考え方を心得ておきましょう。

これまでのリーダーとしての経験を買われ、新しくほかのユニットのリーダーとして異動を命じられたキョウコさん。期待に胸を膨らませながら、初出勤の日を迎えました。

ところが、そのユニットで働くスタッフたちには活気がなく、口を開けば施設やほかのスタッフの悪口ばかり。ユニットの雰囲気はどんよりしていて、利用者さんたちの表情も心なしか暗く見えます。

「こんなユニットでやっていけるのかしら……」

キョウコさんはすっかり自信をなくしてしまったようです。

●チームは生きもの

介護現場のリーダーとして仕事をしていると、チームのさまざまな状況に直面することがあります。

「メンバー全員がやる気に満ちあふれていて、チームが一丸となって新しいことにチャレンジできる」という状態のときもあれば、「モチベーションが低く、何をやろうとしてもうまくいかない」というときもあることでしょう。

私たち一人ひとりの人間と同じように、チームも生きものなのです。調子のよいときもあれば、悪いときもあります。

リーダーが一人で理想を掲げて旗を振ってメンバーを導こうとしても、チームがひとつになっていなければ空回りしてしまいます。

リーダーとメンバーの心が離れてしまうと、コミュニケーションがうまくいかなくなったり、指示が通らなくなったりして、チームはバラバラな状態になってしまうでしょう。なんとかこの状況を打開しようとリーダーが頑張れば頑張るほど、メンバーとの溝は深くなる、という悪循環が待ち受けています。

●『フィッシュ！』という物語

そんなチームに活気を与え、前向きに生まれ変わらせることができる考え方として、世界中で注目を集めているのが、アメリカのシアトルにある「パイク・プレイス・マーケット」で生まれた「FISH！哲学」です。

グーグル社、マイクロソフト社、アップル社、ユニバーサル・スタジオ社など、100か国以上の名だたる企業で社員研修に採用されてきたほか、日本でも、多くの企業や病院、介護施設で取り入れられてきました。

この哲学を世界中に広めたのは、『フィッシュ！』（早川書房、2000年）という物語でした。内容を簡単に紹介すると、次のとおりです。

大手金融機関の事業部門の管理者として採用されたメアリー・ジェーン。彼女が配属されたのは、「鈍い」「不満のかたまり」「不愉快」「不毛」「後ろ向き」といった言葉で形容される、3階にある事業部門。彼女は過去2年間で3人目の部長となりました。

このチームでどうやって仕事をしていけばいいのか、途方に暮れる彼女がふらっと立ち寄ったパイク・プレイス・マーケットは、多くの人が集まり活気にあふれる場所でした。

市場全体がいきいきとしていて、みんなが最高の笑顔で楽しそうに働いていました。

でも、パイク・プレイス・マーケットも最初から世界に名だたる魚市場だったわけではありません。かつては活気がなく、人も集まらないひどい場所でした。

それを生まれ変わらせたのが、「FISH! 哲学」です。

メアリー・ジェーンはここで学んだ「FISH! 哲学」の4つの行動原理をもとに、自分のチームの改革を行い、ついには会社中の人が働きたがる、見違えるような素晴らしい部署をつくり上げることに成功したのです。

「FISH！ 哲学」の4つの行動原理

では、「FISH！ 哲学」の4つの行動原理を順番に見ていきましょう。

態度を選ぶ

仕事そのものは選べなくても、どんなふうに仕事をするかは自分で選べるということ。

「つまらない」「しんどい」と思いながら仕事をするのと、「最高のサービスを提供しよう」という意気込みで仕事をするのとでは、その内容は大きく違ってくることでしょう。

仕事への態度を選ぶことができるのは、上司でも家族でもなく、みなさん自身です。

メンバー一人ひとりが前向きな気持ちをもって仕事に取り組むことができれば、きっと活気あふれるチームをつくり上げることができるはずです。

遊ぶ

仕事を楽しみ、それをエネルギーとして創造力を高めていくということ。

パイク・プレイス・マーケットで魚を投げたり魚に話をさせたりするパフォーマンスをしているように、みんなが楽しい気持ちになるような仕事の仕方を見つけることが大切です。

介護現場ではよりよいケアを行うことが可能になり、あっという間に時間が過ぎていくことでしょう。そして、仕事が報酬を得る手段ではなく、仕事そのものが報酬になります。

人を喜ばせる

自分たちだけではなく、周囲の人を巻き込んで一緒に楽しむということ。

介護の現場では、スタッフや利用者さんなど、全員を巻き込んでいくことで、チームやユニットに活気と和気あいあいとした雰囲気をつくり出すことが可能になります。

他人に奉仕することによって生まれた満足感は、健全なよい気分をもたらし、さらなるエネルギーを生み出す原動力となります。

注意を向ける

仕事に全力を注ぎ、ほかの人たちから何を求められているかに気を配るということ。

利用者さんの変化に敏感であるように、スタッフの変化にも注意を向けましょう。
そうすれば、相手に対して思いやりをもつことができるようになるだけでなく、何か問題が起こりそうなときに、適切なタイミングで対処することが可能になります。

●「FISH！哲学」を仕事に活かす

「FISH！哲学」は、決して仕事をしていくためのルールやマニュアルではありません。
リーダーがこの考え方にもとづいて仕事をすることによって、自分自身にも、まわりとの人間関係にも、前向きな変化が現れてきます。

前向きな空気はメンバーの間に徐々に広がり、活気がなくネガティブな雰囲気が漂うチームは、常にチャレンジ精神を忘れない素晴らしいチームに生まれ変わることでしょう。

まずは1日の仕事を始めるときに、「今日を素晴らしい日にしよう！」と「態度を選ぶ」ところから始めてみてはいかがでしょうか。

みちしるべ4

4

心理的安全性を高める

チームメンバーが安心して「自分らしく」仕事に取り組める環境をつくりましょう。

はい時間の
変更ですね
新しい
利用者さん
到着されました
はっ

ある日のお昼。

今日から入居する利用者さんが、ユニットに到着されました。

到着は夕食後だと思っていたアイリさんたちは大騒ぎに。なんとかみんなで協力して、準備を整えることができました。

振り返りのミーティングのとき、ハルカさんが、「実は、私が時間変更の連絡を受けていたのに、伝えるのを忘れてしまっていました……」と涙目になりながら告白しました。

「ミスは誰にでもあるわ。言ってくれてありがとう」

アイリさんたちは、申し送りのミスをなくす方法について話し合うことにしました。

●「心理的安全性」という概念

最近、介護現場のマネジメントにおいても、「心理的安全性」という言葉を耳にする機会が増えてきました。

心理的安全性とは、「チームのなかで、リスクや失敗を恐れず、誰に対しても自分の気持ちや考えを安心して発言することができる状態」を指します。

「心理的安全性」という概念は、ハーバード大学で組織行動学を研究するエイミー・C・エドモンドソンによって、1999年に発表されました。

彼女は、病院で起こるミスとチームワークの関係性に関する研究のなかで、「チームワークがよい」と回答したチームほど、ミスが多く見られることを発見しました。

データをさらに分析すると、優秀なチームほどミスを進んで報告していることが明らかになり、それはネガティブな結果を恐れずに報告できているからではないか、と結論づけられました。

この考え方を一躍有名にしたのは、グーグル社が生産性改革のために2012年に始めた「プロジェクト・アリストテレス」です。

「高い成果を生み出すチーム」が共通してもつ要因を探し出すために、「リーダーのカリスマ性」「学歴や趣味」「メンバーのプライベートでの関係性」など、さまざまな要素が分析されました。

その結果、決定的な要因は「心理的安全性」だということが明らかになりました。

すなわち、心理的安全性が高いチームほど、パフォーマンスが高いということがいえるのです。

心理的安全性を高める4つのポイント

利用者さんの命を預かる介護の現場では、ちょっとしたミスや失敗などのネガティブな情報をすぐに共有することがとても大切です。

また、利用者さんに対する不適切なケアや対応があった場合、その場ですぐに声をかけ、正しい対応や行動に修正していく必要があります。

でも、失敗したことを正直に伝えたり、ほかのメンバーの間違いを指摘したりすることは、簡単ではありません。

「怒られたらどうしよう」「うるさいって思われるかな」……と悩んでいるうちに結局言い出せなかった、という経験をしたことがある人も少なくないでしょう。

では、チームの心理的安全性を高めるための4つのポイントをご紹介します。

コミュニケーションの量を増やす

ふだんから活発にコミュニケーションをとっているチームであれば、「何を話しても大丈夫」という安心感が生まれます。

仕事に影響が出ない範囲で、ちょっとした雑談をしたり、声かけをしたり、ということを心がけてみてください。

相談や質問をしやすい環境をつくる

仕事をするなかで疑問に思ったことや困ったことがあったときに、気軽に相談や質問ができる環境をつくりましょう。

相談や質問を受けたときには、まずはその行動を褒めることで、安心して話をすることができるようになります。

時にはリーダーから相談や質問を投げかけることも効果的です。

チャレンジを歓迎する

失敗を恐れていては、新しいことに挑戦することはできません。

メンバーが新しいアイディアを出したり、提案をしたりしたときには、まずはそれを歓迎するムードをつくりましょう。

そのうえで、必要とされるアドバイスをするのが効果的です。

最初から否定されてしまうと、次からチャレンジしようという気力を失ってしまいます。

多様性を尊重する

介護の現場で働く人たちが多様化している昨今、チームのなかには、さまざまな経験をしてきたメンバーがいることでしょう。

異なった意見や考えを柔軟に取り入れる雰囲気をつくり出すことで、メンバーは受け入れられているという感覚をもち、心理的安全性を高めることができます。

チームは「仲良し集団」ではない

心理的安全性について考えるときに、大切なポイントがあります。

それは、「心理的安全性＝仲良し集団」ではないということ。

一緒に趣味を楽しんだり、遊びにいったりする仲間であれば、気楽に仲良く過ごせる、居心地のよい関係性を目指せばよいかもしれません。

でも、介護の現場で目指すべきは、一人ひとりが自分の意見をもち、それをいつでもチームのメンバーに伝えることができ、率直に議論をすることができる関係性です。

安心して「自分らしく」仕事をすることができるようになれば、そのメンバーのもっている「よい面」がどんどん引き出されていくことでしょう。

リーダーがチームの心理的安全性を常に意識していれば、メンバーは安心して自分の仕事に取り組むことができ、質の高いケアやサービスを提供することが可能になります。

みなさんのチームを育てていくために、ぜひ取り組んでみてください。

みちしるべ4

5

合意形成の手法を活用して意見をまとめる

多数決で物事を決めると、チームとしてのまとまりがなくなってしまうかもしれません。

アイリさんのユニットで、ケアの方針について意見が分かれています。

「○○さんの夢だった旅行を実現するために、もっとリハビリを頑張ってもらいましょう！」

「○○さんはもうご高齢で体調も心配。無理をせず、近場へのお出かけにしてもらいましょう」

話し合いは平行線のまま。

アイリさんは結局、多数決で決めることにし、旅行は難しいという結論になりました。

ところが、その決定に納得がいかないスタッフたちは、非協力的な態度をとるようになってしまいました……。

●介護現場の意思決定はトレードオフ

介護現場では、日々さまざまな意思決定を行うことが求められます。

「利用者さんに積極的に歩いてもらうか、安全のために歩行器や車いすを使ってもらうか」

「利用者さんに好きなものを食べてもらうか、栄養のコントロールをより重視するか」

「小さなトラブルが起こったとき、その日休みのリーダーに連絡をとるか、現場での解決を目指すか」

これらの意思決定は、すぐに答えが出るような簡単なものではありません。

一方を選べば何かを得られるが、同時に何かを失ってしまう……そんなトレードオフ(Trade-Off)のような選択肢ばかりではないでしょうか。

時には、リーダーが下したちょっとした判断が、利用者さんの健康や安全にかかわる問題、あるいはスタッフ間のトラブルや離職につながったりしてしまうこともあります。

リーダーのみなさんからも、この責任の重さが大きなプレッシャーになっているという声が聞かれます。

リーダーが一人で判断・決定したことを一方的にスタッフへ指示しても、その背景や思いまでを理解して実行してもらうことは難しいでしょう。

特に、近年の介護現場ではさまざまな年齢層の人たちが働き、キャリアやバックグラウンドなどの多様性も重視されるようになっているため、より慎重な判断や支援が求められています。

では、このように重要な意思決定を、どのように行えばよいのでしょうか。

●多数決は確かに便利。でも……

数年前、あるテーマパークの雑誌広告で、子どもたちが多数決のメリット・デメリットを話し合っている場面を描いたものがありました。

「多数決は確かに便利だけど、少数派の意見が反映されないという欠点があるよね」といった内容でした。

議会での採決や選挙にも用いられているように、民主主義の基本的な原理となっている多数決は、平等に物事を決めるうえで便利な手段ではあります。

しかし同時に、メンバー間の知識や情報量の差をどう考えるのか、責任の所在がどうなるのかなど、難しさをかかえていることにも注意しなければなりません。

多数決で結論を出したとき、反映されなかった意見を主張していた少数派の人たちに納得してその決定に従ってもらうことは、簡単ではありません。

非協力的になってしまったり、その後の人間関係に影響が出てしまったりするケースもあります。

合意形成のプロセスとポイント

そのような状況を防ぐための手法として、「合意形成」があります。

合意形成とは、全員一致による決定とは異なり、違う考えをもったメンバーの納得も得てひとつの結論を導き出す方法です。

日々の業務や人間関係を円滑にしてトラブルを未然に防ぐためにも、合意形成は重要だといえます。

合意形成のための話し合いでは、それぞれの意見をただ主張し合うのではなく、相手の立場になって、反論することなくその意見をしっかりと受け止めます。

不明な点や懸念点があれば質問し、その回答を得るというやりとりを繰り返しながら、議論を深めていきます。

それぞれのもっている情報に差があるために意見が異なる場合には、情報をオープンにして共有することが重要です。

議論のなかでは、意見の内容だけでなく、その意見に至った相手の気持ちにも理解を示すことが大切です。それによって、「意見を聴いてもらった」という実感が生まれてきます。

一方的な意見の応酬では、意見を否定されたことにより、自分自身が否定されてしまったかのように感じ、いつまで経っても結論に至らない場合があります。

互いに受容することができるようになったとき、自分の考えを少しずつ変化させて歩み寄ったり、譲歩したりすることによって、ひとつの結論に到達することができるようになります。

また、一人ひとりの意見を引き出し、議論を進めていくためのファシリテーターの存在も欠かせません。

意見が異なる人を説得するのではなく、議論を尽くして全員が納得するという、合意形成のためのプロセスに参加することによって、チーム全員が決定に対して責任をもって取り組むことができるようになるのです。

みなさんのチームでも、意見の対立があって議論が進まなくなってしまったときに、多数決で決めてしまうのではなく、合意形成のプロセスを思い出してみてください。きっとチームで前向きに物事を進めることができるようになると思います。

コラム

「メンバーとの間に壁を感じるとき」

「どうしてわかってもらえないんだろう……」。リーダーとして仕事をしていると、メンバーとの間に壁を感じることがあります。

そんなときには、みなさんがメンバーだったときのことを思い出してみましょう。

「どうしてリーダーはわかってくれないの？」「何回も言っているのに施設が対応してくれない！」――そんな不満を言っていませんでしたか？

リーダーとメンバーでは、与えられた権限や責任、得られる情報量が異なります。そうすると、同じ状況を見ていても、見える世界がまったく異なるのです。

メンバーとの間の壁は、リーダーの誰もが通る道。

どうしてこのように考えるのか、このような決定をするのか、背景も含めてていねいに説明すれば、きっとその壁を乗り越えることができるようになるでしょう。

みちしるべ

5

リーダーとしてもっと輝くための仕事術を習得しよう

みちしるべ5

1

問題解決技法を身につける

どんな問題にも落ち着いて対処して、
大きなトラブルの発生を防ぎましょう。

ケンタさんのユニットでは最近、パート職員がなかなか定着しないことが問題になっています。

せっかく苦労して採用しても数か月で退職してしまうため、常にユニットは人手不足。

残っているスタッフたちも、疲労の色が隠せません。

この状況をなんとかしようと、みんなで歓迎会を開いたり、わかりやすいマニュアルをつくったりと、いろいろと工夫をしてみるものの、どうもうまくいかないようです……。

●まずは問題を可視化しよう

「利用者さんの事故が続いている」

「スタッフの育成がうまくいかない」

「毎日の業務にムダが多く時間がかかってしまう」……

介護リーダーとして仕事をしていると、日々さまざまな問題に直面します。


そんなとき、リーダーがすぐに適切な対応をとって問題を解決することができれば、現場はよりよくなり、理想に向かって前進することができるでしょう。

でも、ひとつ対応を間違うと、スタッフの不信感を招いたり、現場に不協和音が響いたりして、問題はどんどん大きくなっていってしまいます。


問題は、「理想と現実のギャップ」と捉えることができます。

その内容は、①すでに表面化している「顕在型」、②今後ギャップが現れる「潜在型」、

③現状をよりよくするために高い目標を設定する「創造型」の3つに分類されます。
問題を解決するためには、まずは問題を可視化し、確実に捉えることが大切です。

例えば、「パート職員が定着しない」と実感していたとしても、客観的に数値化されていなければ、「定着率は改善しているのか、悪化しているのか」「そのユニットだけの問題なのか、施設全体の問題なのか」など、比較したり判断したりすることができません。

問題解決の技法

問題の原因を分析したり、解決方法を立案したりするためによく用いられるフレームワークとして、「ロジックツリー」があります。

ロジックツリーはその名のとおり、物事の要因を論理的に考えるために、ツリー状に分解し、整理していくための手法です。

ロジックツリーには、構造把握のための「WHATツリー」、原因分析のための「WH

Yツリー」、課題解決のための「HOWツリー」など、いくつかの種類があります。

WHATツリー

物事の要素や構造を把握するためのツリーです。

例えば、介護職員に求められる能力を分解して考えていくと、①テクニカルスキル（業務遂行能力）、②ヒューマンスキル（対人関係能力）、③コンセプチュアルスキル（概念化能力）の3つに分類することができます。

テクニカルスキルをさらに細かく分類すると、「介護技術」「認知症ケア」「コミュニケーションスキル」などに整理することができるでしょう。

さらにそれぞれの要素を詳細に分類していくことによって、育成のための評価シートやOJTのチェックリストを作成するときに、「モレなくダブりなく」要素をピックアップできるようになります。

WHYツリー

問題の原因を探るためのツリーです。

● WHATツリー：物事の要素や構造を把握する

- 介護現場で求められるスキル
  - テクニカルスキル
    - 介護技術
    - 認知症ケア
    - コミュニケーションスキル
  - ヒューマンスキル
    - リーダーシップ
    - 調整能力
    - プレゼンテーション能力
  - コンセプチュアルスキル
    - ロジカルシンキング
    - 多面的視野
    - 柔軟性

● WHYツリー：問題の原因を探る

- パート職員が定着しない理由
  - 採用のミスマッチ
    - 職務内容の不一致
    - 不十分なサポート
    - 職場文化・価値観との相違
  - 育成方法の問題
    - 育成計画の不備
    - 現場に入れるだけのOJT
    - 研修機会の不足
  - ユニット内の人間関係
    - 正職員／パート職員の壁
    - コミュニケーション不足
    - リーダーのマネジメント力

● HOWツリー：問題の解決法を探る

- パート職員の定着率を上げる
  - 適切な研修と教育
    - OJT
    - 業務の整理
    - 評価・フィードバック
  - 職場の雰囲気づくり
    - チーム・ビルディング
    - コミュニケーション活性化
    - カンファレンスのあり方
  - 労働環境の改善
    - 業務内容の明確化
    - 処遇改善
    - メンタルヘルス

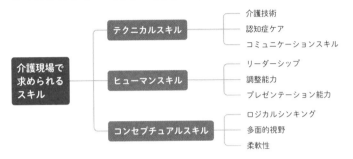

例えば、「パート職員が定着しない理由」としては、①採用のミスマッチ、②育成方法の問題、③ユニット内の人間関係などが考えられます。

採用のミスマッチは、「職務内容の不一致」「不十分なサポート」「職場文化・価値観との相違」などに分類することができるでしょう。

このように、それぞれの要素を掘り下げることによって、より詳細な原因にアプローチすることができます。

HOWツリー

問題の解決法を探るためのツリーです。

例えば、「パート職員の定着率を上げる」ための方策としては、①適切な研修と教育、②職場の雰囲気づくり、③労働環境の改善の3つの柱が考えられます。

適切な研修と教育を掘り下げてみると、「OJT」や「業務の整理」、「評価・フィードバック」といった枝に分けることができます。

最終的には「具体的な打ち手」にまで落とし込むことで、問題解決のためのアクションにつなげることができます。

問題を放置しないことの大切さ

アメリカの犯罪学者、G・ケリングは、「軽微な犯罪も徹底的に取り締まることで、凶悪犯罪を含めた犯罪を抑止できる」という理論を提唱しました。

「建物の窓が壊れているのを放置すると、誰も注意を払っていないという象徴になり、やがてほかの窓もすべて壊される」ことから、「割れ窓理論」として知られています。

リーダーとして忙しく仕事をする日々のなかで、毎日のように発生する小さな問題は、ついつい対応を後回しにしたり、放置したりしてしまいがちです。しかし、問題は時間が経つほど解決が難しくなりますし、大きなトラブルにつながることもあります。

結果として、その対応に多くの時間がとられ、さらに忙しくなる原因にもなります。

問題解決の技法を身につければ、どんな問題にも落ち着いて対処することができます。潜在的な問題も先回りして解決し、よりスムーズな運営を行っていきましょう。

みちしるべ5

2

ムダな会議はいますぐやめる

効率よく、意味のある会議をする方法を
身につけておきましょう。

いいんじゃない
アンケートとってみようかと

アイリさんの施設ではいま、会議の多さが問題になっています。

施設長の指名を受けて、アイリさんは、先輩リーダーのキョウコさんと一緒に会議のあり方の改善に取り組むことになりました。

「まず何から始めましょうか？」

「そうね、いま施設でどのような会議が行われていて、それぞれ効果があるのか、何が問題になっているのか、現状を調査してみるのがいいんじゃないかな」

二人は会議について各リーダーにアンケートをとってみることにしました。

●効率よく、意味のある会議をしよう

チームでのカンファレンス、委員会の会議、部門での会議、リーダー会議、職員会議、サービス担当者会議……。みなさんの働く現場では、どれだけ会議が行われているでしょうか。

リーダーになると、自分で会議を開催したり、さまざまな会議に出席したりすることが求められるようになります。

介護現場での会議の多さが現場で働くスタッフの負担になっているということは、以前から指摘されています。

もちろん、よりよいケアやサービスを実現するために会議は欠かせませんし、法令で実施が定められた会議もあるため、回数を減らすのは難しいかもしれません。

でも、せっかく忙しい仕事の時間を割き、コストをかけて行う会議だからこそ、効率よ

く、意味のあるものにしていくことが大切です。

介護リーダーの会議術

仕事における有名な格言に、「段取り八分、仕事二分」というものがあります。準備が十分にできていれば、仕事は8割片づいたのと同じ、という意味です。

会議がムダなものになってしまう原因の多くは準備不足にあると、私は考えています。ここでは、介護現場の会議を意味あるものにするための方法を順に見ていきましょう。

1 会議の目的・テーマを設定する

会議を招集するときに最も大切なのは、目的・テーマを明確にすることです。「何のために会議をするのか」を参加者で共有していなければ、せっかくの会議がムダな時間になってしまいます。

たとえ定例の会議であっても、今回は何をテーマに設定するのかを決定したうえで会議を開催しましょう。

2 参加メンバーを選ぶ

会議の目的を達成するために重要なのは、適切なメンバーを選ぶこと。

会議によってはメンバーが固定になっている場合もありますが、目的の達成に必要であれば、上司やほかのチームのリーダーなどに、アドバイザーとして参加してもらうことも考えてみましょう。

3 レジュメを作成・配付する

必ず事前にレジュメを作成し、配付しておきましょう。

「会議が始まってから考えて議論する」というのは、ムダな会議の典型的なパターンです。事前に意見やアイディアをまとめておいてもらうことが重要です。

また、レジュメをデータで共有しておくと、当日も資料を配付せずに、ＰＣやタブレットで確認したりメモをとったりすることができます。

4 進行役を決めておく

議事を進行する人は、一人ひとりの意見を引き出し、交通整理をする、ファシリテーターの役割に徹しましょう。

特定の人だけが発言をして、ほかのメンバーはそれを聞いているだけ、というのでは、集まって会議をする意味がありません。

ホワイトボードやマインドマップなどを使って議論を可視化するのも効果的です。

5 アクションプランをまとめる

会議で最も重要なのは、「物事を決定し、実行する」ということです。

そのためには、「誰が、何を、いつまでに行うか」をアクションプランにまとめ、出席者で共有することが大切です。

次回の会議でその結果を確認するのはもちろんのこと、定期的に進捗状況をチェックし合うことも効果的です。

6 クロージング

会議の成否を分けるのは、「終わったあとのワクワク感」だと私は考えています。議論したこと、学んだことを、すぐに現場に戻ってスタートさせたい――。参加者をそんな気持ちにすることができれば、会議は大成功といえるでしょう。

意見を引き出すファシリテーションの技術

テーマを決め、適切なメンバーを選び、事前にレジュメを配付し、「準備は完璧！」と思って会議に出たにもかかわらず、みんながあまり意見を出してくれなくて困った……そんな経験をしたことがある方も少なくないと思います。

メンバーから意見をうまく引き出すためには、ファシリテーションの技術が求められます。

まずは「答えやすい質問」をしてみましょう。知識や経験がなくても、自分の考えを言うだけであれば、発言へのハードルが下がります。

また、「誰か意見はありませんか？」という聞き方だと、発言できる人は偏ってしまいます。あまり発言のないメンバーは、ときどき指名してみましょう。

出された意見については、中立的な立場であることが大切。絶対に否定せず、よいところを取り入れるようにしましょう。

「よい意見をありがとうございます」とポジティブな反応を返せば、場の雰囲気もよくなり、充実した会議となることでしょう。

最近では、Zoom や Teams などのオンライン会議システムや、議事録の自動作成システム、マインドマップ作成アプリなど、会議をより効率的にするためのさまざまなツールも登場しています。

これまでの常識にとらわれず、チームが目標に向かって前進することができるような会議となるように、リーダーとしての会議術を磨いていきましょう。

みちしるべ5

3

ミスや失敗から学ぶことを大切にする

「ケアやサービスの質を高めるもの」として、
ミスや失敗を捉えましょう。

アイリさんのユニットでは、ショートステイの利用者さんの忘れものが続いています。ご家族に謝罪をし、忘れものを届けるのは、アイリさんの役割。忘れものへの対応に時間をとられ、ほかの仕事にも影響が出ています。

そこで、ユニットのカンファレンスを開き、「持ちものチェックを徹底して、来月こそは忘れものゼロを目指しましょう！」と、気持ちを入れ替えて頑張ることにしました。

はじめのうちは忘れものの減少が見られたものの、その効果は長続きせず、しばらくするとまた忘れものが増えてきてしまいました……。

●ミスや失敗は避けられない!?

介護の仕事は、利用者さんの命を預かる仕事です。

現場におけるちょっとしたミスや失敗が、体調の悪化やケガを招いたり、時には命にかかわるような事態につながってしまったりすることもあります。

どのようにミスや失敗をなくせばよいか、頭を悩ませているリーダーのみなさんも多いことでしょう。

しかし、私たちも人間です。

仕事においてミスをしたり、失敗したりすることを、完全に避けることはできません。

大切なのは、ミスや失敗から学ぶこと、そしてミスや失敗をしても大きな事故につながらないような仕組みをつくることです。

ミスや失敗を活かすために

労働災害の分野でよく知られる経験則に、アメリカの損害保険会社の安全技師であったH・W・ハインリッヒによって提唱された「ハインリッヒの法則」があります。

1つの「重大な事故」の背後には29の「軽微な事故」があり、その背景には300の「異常」が存在するというものです。

介護の現場でも、「ヒヤリ・ハット」事例を分析し、情報を共有したり、対応策を考えたりすることによって、事故を未然に防ごうという取り組みが行われています。

このときに気をつけなければならないのは、「誰かのせいで発生した」という捉え方をしないということ。

「なぜこうなったのか」という原因を客観的に分析することが重要です。

ミスや失敗を属人的なものと考えると、「次からは気をつけよう」「みんなで注意しよう」という対応になりがちです。

しかし、しようと思ってミスや失敗をしている人はどこにもいません。

注意に注意を重ねても起こってしまうのが「ミス」や「失敗」なのです。

では、どのように対応すれば、ミスや失敗が大きな事故につながらないようにできるのでしょうか。

それは、ミスや失敗が起こりにくい、またはミスや失敗が起こってもカバーできるような仕組みを考えることです。

例えば、ショートステイの忘れものであれば、まずは「どのような原因で発生したのか」を分析してみましょう。

部屋に置き忘れたのか、洗濯したまま返し忘れたのか、ほかの利用者さんの持ちものと混ざってしまったのか……。

原因に応じて一つひとつ対策を立て、実行することがポイントです。そして、仮にミスがあったとしても気づくことができるように、帰宅のときの持ちもののチェックの方法を見

● ミスを起こしにくくするためのポイント

- ミスの事例／ヒヤリハットの分析を行う
- 業務内容を整理し、見直す
- ダブルチェックを徹底する
- ミスが起こりやすいポイントで注意喚起する
- ICT／テクノロジーを導入する
- 仕事環境の整理整頓を行う
- 報告・連絡・相談を正しく行う

直してみましょう。

また、スマートフォンやタブレットで写真を撮ったり、持ちものチェックのアプリを使ったりするなど、これまでのやり方に工夫を加えることも効果的でしょう。

「どうしてそんなミスをしたの！」と叱ることは、ミスや失敗を減らせないだけではなく、本人のやる気を失わせてしまうことにもなり、よいことは何もありません。

チームとして、前向きに問題解決ができるように導けば、ミスをしたスタッフを守り、チームの士気を高めることにもつながります。

●ノーベル賞受賞者も失敗から

毎年12月10日、スウェーデンの首都ストックホルムでは、「人類に最大の貢献をもたらした人々」に対して、ノーベル賞の授賞式が行われます。

受賞者たちはそれに先立って、ストックホルム大学で「ノーベルレクチャー」と呼ばれる記念講演を行うことが通例になっています。

受賞理由となった研究の道のりや意義について、一般の人に伝えるために行われるこの講演ですが、多くの受賞者が口をそろえて話をするのが、「この研究は失敗から生まれた」ということ。

受賞者の方々は、数え切れないほど多くの失敗のなかからヒントを得て、人々の役に立つ研究を成し遂げることができたのです。

「失敗から生まれた」ものは、みなさんの身近にもたくさんあります。

例えば「ペニシリン」。細菌学者フレミングがブドウ球菌を培養するシャーレにアオカビを発生させてしまったことがきっかけで、多くの人の命を救う特効薬が誕生しました（1945年ノーベル生理学・医学賞）。

みなさんが毎日のように使っている「ポストイット」は、3Mの科学者、スペンサー・シルバーが強力な接着剤を開発しようとして失敗し、「すぐにはがれる接着剤」をつくり出したことから生まれました。

一生懸命仕事をすればするほど、ミスや失敗は必ず起こります。

これをチャンスと捉えて、ケアやサービスの質を高めたり、メンバーの成長につなげたりすることが、リーダーの腕の見せ所といえるでしょう。

みちしるべ5

4

チームの生産性を上げる

生産性が向上すれば、生まれた空き時間を利用者さんとの会話などに充てられます。

アイリさんの施設でも最近、「現場の仕事が忙しくて、なかなか休憩がとれない」という声が聞かれるようになりました。

そこで、リーダーたちが協力し、現場のスタッフの仕事時間をデータ化してみることになりました。

すると、介護記録の記入にかなりの時間がとられていることが判明。

「記録のＩＣＴ化をしてみてはどうでしょうか？」

アイリさんの提案が受け入れられ、タブレットやスマートフォンを使って記録を入力するシステムが導入されることになりました。

●日本の介護の生産性は最低ランク!?

医療・介護人材の不足が深刻化していた2018年、厚生労働省が人材に関するシミュレーションを発表しました。

2040年に必要な人材数を1065万人と想定したうえで、

(1) 医療・介護需要が一定程度低下した場合は81万人減
(2) 生産性が向上した場合は53万人減
(3) (1)と(2)が同時に生じる場合は、合わせて130万人減の935万人に抑えることができる

と試算され、「介護現場の生産性向上」が注目を集めました。

2021年度の介護報酬改定でも、見守り機器の導入を要件として夜間の人員配置が一部緩和されました。

また、「介護サービス事業における生産性向上に資するガイドライン」が作成されたり、

地方版「介護現場革新会議」が開催されたりするなど、介護現場の生産性向上に向けた機運が高まってきています。

この背景には、日本の医療・福祉分野の生産性がOECD（経済協力開発機構）38か国のなかで最低ランクである、という事実があります。

生産性は、「アウトプット（成果）÷インプット（労働投入量）」という計算式で示されます。

単純にいうと、介護労働者1人が生み出す成果を数値化したものです。

ということは、生産性の低い日本では、「より多くの人手を使って手厚いケアをしている」と考えることもできるかもしれません。

しかし、介護人材不足が深刻化している現在、人手に依存するケアのあり方では、今後も増え続ける介護ニーズに対応していくことはできません。

持続可能な介護システムを構築するためには、生産性の向上が不可欠です。

● テクノロジーを活用しよう

「テクノロジーを活用して生産性を上げる」というと、人型のロボットが利用者さんを持ち上げて運んだり、お風呂に入れたり……という様子が思い浮かぶかもしれません。

でも、実際はそんな未来の話ではなく、いまあるテクノロジーを使うことで、現場の仕事をより効率よくすることができます。

例えば、介護現場の日常業務のなかで多くの時間が費やされていることが指摘されている「介護記録」。

同じ内容を別の用紙に転記することも、スタッフの負担となっています。

介護記録を効率化する方法としては、タブレットやスマートフォンを活用した「ICT化」があります。

介護記録に特化したソフトやアプリケーションを活用すれば、必要な情報を適切な形で整理し、必要なときに書き出したり、内容を検索したりすることが可能です。

また、クラウド上にデータを保存することによって、緊急時などに外出先からも状況を確認することができます。

私が運営する施設で実施した調査では、約80%のスタッフが「業務時間を30～60分短縮した」という結果になりました。

加えて、「利用者さんとのコミュニケーション量が増加した」「記録内容が充実した」という、スタッフの声や、「外出先からも記録が確認できるようになり便利になった」という管理職の声も聞かれ、ICT化が生産性の向上に大いに役立ったという結果が出ました。

また、各種のコミュニケーションロボットも、大きな可能性を秘めています。

私がかかわった研究でも、認知症のある方がスタッフにこれまでしたことのない話をロボットにしたり、デイサービスの利用者さんたちのコミュニケーションがロボットを介して広がったりする様子が見られました。

ロボットがスタッフの代わりになるわけではありませんが、ほんの少しの間でも対応してくれることで、スタッフの働き方が効率的になることがわかっています。

生産性向上がもたらすもの

このような生産性向上の取り組みができるのは、決して大きな組織や施設に限った話ではありません。

確かに、かつては高額な初期費用が必要でしたが、近年では、サブスクリプションで利用できるクラウドのシステムも増えてきています。

見守りシステムや介護記録システム、シフトの自動作成、求人、人材管理、利用者さん・ご家族との連絡ツールなど、いま必要なサービスだけをお試し感覚で気軽に使うことも可能です。

介護現場の生産性向上は、決して人材不足を解決する手段だけにとどまりません。

生産性向上のプロセスで、いまの仕事を見直すことによって、より効率的に業務を行ったり、質の高いサービスを提供したりすることができるようになります。

また、生産性が向上すれば、生まれた空き時間を利用者さんとゆっくりお話しするために使ったり、スタッフのスキルアップのために使ったりすることも可能となります。

若手リーダーのみなさんは、チーム内の連絡にメッセージアプリなどのコミュニケーションツールを使ったり、記録や連絡に写真を活用したりと、知らず知らずのうちにテクノロジーを活用していることでしょう。

ぜひ新しいツールを活用し、チームの生産性を上げることで、理想のケアやサービスに近づいていきましょう！

みちしるべ5

5

「怒り」の感情とうまく付き合う

感情をコントロールして、発言や行動に説得力をもたせましょう。

アイリさんは、またタケルさんのことで悩んでいます。

もう3年目になるのに、いまでもときどき遅刻をしたり、提出物を出すのが遅かったりと、ルーズな面が直りません。

今回も、施設全体で行った研修のレポートをタケルさん一人だけが提出していなかったために、上司であるアイリさんが注意を受けることになりました。

「どうしていつまでたってもちゃんとできないの!!」

アイリさんのイライラもピークに達し、ついつい声を荒げてしまいました。

●「アンガーマネジメント」という手法

ちょっとしたことでイライラしたり、腹を立てて怒ってしまったり、そしてそんな自分が嫌になってしまったり……。

みなさんも、このような経験をしたことがあるのではないでしょうか。

人間にとって、「怒り」はとても身近な感情ですが、少し厄介なものでもあります。

このような「怒り」とうまく付き合うために、アメリカで1970年代に「アンガーマネジメント」という心理トレーニングの手法が誕生しました。

「衝動のコントロール」「思考のコントロール」「行動のコントロール」の3つのステップで、仕事や家庭など人生のさまざまな場面で「怒り」をコントロールすることができるようになる、というものです。

それでは、アンガーマネジメントを介護リーダーの仕事にどう応用できるかを考えてみましょう。

6秒ルールで落ち着こう
――衝動のコントロール

介護リーダーの仕事のなかで、誰かがミスをしたときや思いどおりにいかないときなど、ついつい腹を立ててしまうことがあるでしょう。

それが利用者さんの体調や命にかかわることであれば、なおさらです。

でも、そんなときに反射的に大声を出したり、怒ったりしてしまうと、せっかくこれまでリーダーとして築き上げてきたものが、一瞬にして崩れ去ってしまうこともあります。

そんなときは、ゆっくりと6秒間数えてみてください。

最初は怒りで物事を判断することができず、衝動的に行動してしまいがちですが、6秒あれば理性がはたらいて物事を客観的に捉え、衝動的な怒りをコントロールできるようになるからです。

また、腹式呼吸もおすすめです。

へそのすぐ下のあたり、臍下丹田《せいかたんでん》に意識を集中させ、鼻から息を吸ってゆっくりと口から吐いていけば、あら不思議。さっきまでのイライラした気持ちや怒りの感情はどこかに行ってしまったのではないでしょうか。

ぜひ、この「6秒ルール」や「腹式呼吸」を常に頭の片隅に置きながら、仕事をするようにしてみてください。

練習を繰り返すことで、怒りをコントロールできるということが実感できるようになると思います。

●許せる範囲を広げよう——思考のコントロール

みなさんの価値観のなかには、「許せる」ことと「許せない」こと、すなわち許容範囲があると思います。

でも、「許せる」と「許せない」の境界ははっきりしたものではなく、その間には「まあ、許せるかな」というゾーンもあるのではないでしょうか。

「提出物が遅れることは許せないけど、一生懸命やっていたようだし、1日ぐらいだったら今回は大目に見ようかな……」といった具合です。

この「まあ、許せるかな」というゾーンを広げるのが、「思考のコントロール」です。

そのためには、どんなことに腹が立ったか、記録をつけていくことが効果的です。「今日はこれに腹が立ったけど、よくよく考えてみると、怒るほどのことでもないな」と客観視できればしめたもの。

みなさんの「許せる」範囲が広がっている証拠といえるでしょう。

変えられないことは変えられない！
――行動のコントロール

リーダーとしての仕事がうまくいかない理由には、さまざまなものがあります。

世の中の状況や制度、施設の方針、他人の性格、過去の出来事など、うまくいかないときは、あらゆることがみなさんの邪魔をしてくるように感じられるかもしれません。

でも、これらの原因をよく見てみると、「変えられること」と「変えられないこと」があるのではないでしょうか。

アンガーマネジメントにおいては、よく「重要」か「重要でない」か、「変えられる」か「変えられない」かの2軸で物事を整理します。

「重要」で「変えられる」ことは、これまで学んだマネジメントの技法も駆使して、全力で取り組みましょう。

「重要でない」けど「変えられる」ことは、時間や仕事に余裕があるときに取り組むこと。

「重要でない」うえに「変えられない」ことに時間やエネルギーを使うのはもったいないないので、手放してしまいましょう。

問題となるのは、「重要」だけど「変えられない」ことへの対処の仕方です。

例えば、相手の性格が原因でスタッフの育成がうまくいかないとき、無理に進めようとすると、大きな人間関係のトラブルに発展してしまう危険性があります。

こんなとき、変えられるのはみなさんの付き合い方や指導の仕方。相手に合わせてさまざまなアプローチの方法を試してみることで、解決の糸口が見つかるかもしれません。

アンガーマネジメントを行うメリット

このように、アンガーマネジメントを行うことによって、誰もが「怒り」という感情とうまく付き合うことができるようになります。

感情のコントロールがうまくできていると、周囲からの信頼は大きくなり、発言や行動に説得力が生まれます。

注意をしたり叱ったりする必要があるときも、「あの穏やかなリーダーが怒るほどのことだから、気をつけよう」と効果が大きくなります。

リーダーとしてのスキルアップのために、ぜひ取り組んでみてください。

コラム

「リーダーノートをつくろう」

リーダーになったばかりのみなさんに、おすすめの仕事術があります。

それは、「リーダーノート」をつくること。

まずは文房具屋さんに行って、お気に入りのノートを１冊用意してください。そのノートは常に持ち歩き、今日起こったこと、考えたこと、何か判断や決定をしたこと（プロセスも含めて）など、どんどん書き込んでいきましょう。会議や研修に出たときにもそのノートにメモを書き込んでください。資料や本などで参考になった部分をコピーして貼り付けるのもよいでしょう。

みなさんは、これからリーダーとして仕事をしていくなかで、同じようなことで悩んだり迷ったりすることがあるでしょう。

そんなとき、みなさんのリーダーとしての一日一日が書き込まれたそのノートは、きっとみなさんにとっての「みちしるべ」となってくれるはずです。

みちしるべ 6

「介護リーダーの仕事とは？」を深く理解しよう

みちしるべ

1

介護リーダーという仕事を深く理解する

リーダーという「役割」を
楽しみながら演じる方法を考えましょう。

いま、A特別養護老人ホームでは、新しい施設を立ち上げる計画が進んでいます。

リーダーとしてマネジメントの知識と技術を身につけてきたアイリさんは、自分を成長させるためのチャレンジとして、新施設の立ち上げメンバーに立候補することを決めました。

自分の後継者と思って育ててきたハルカさんに、自分の次のリーダーとして期待していると話をしてみたところ、「ユニットには私より先輩や年上の方も多いのに、リーダーなんてできません……」と困惑させてしまいました。

●人の上に立つということ

介護の世界に限らず、世の中の会社や組織は、たくさんのメンバーから成り立っています。

何万人も従業員がいる大企業でも、少人数でやっている小さな事業所でも、社長や理事長、部長や課長、係長やリーダーといった、さまざまなポジションの人たちを任命し、組織のマネジメントを行っています。

かつての日本型企業では、「終身雇用」「年功序列」の人材マネジメントが行われていたため、多くの組織で、年齢が上で経験の長い人たちが上の役職についていました。

このため、上司は「年上」で「先輩」という構図が成り立っていたわけです。

しかし、世の中が目まぐるしく変化を遂げるなかで、組織は生き残りをかけて多様な人材を取り入れるようになり、転職や中途採用、成果主義といったことが当たり前になってきました。

それは介護の世界も同じです。

ほかの施設から移ってきたり、ほかの業界から転職してきたりする人も増え、年齢や経験、国籍や働き方などの異なる、さまざまな人材がチームに混在するようになりました。

そんななかで、年上のスタッフがチームに配属されたり、先輩が部下になったりするケースも生まれてきています。

リーダーになったとき、昨日まで仕事を教えてもらっていた先輩がチームに配属されれば、やりにくさを感じる人も少なくないでしょう。

リーダーとは「役割」

でも、よく考えてみてください。

リーダーになったり、人の上に立ったりすることは、決してその人よりも「偉くなる」ということではありません。

もし、これまで仲間として一緒にやってきたメンバーが、リーダーになった途端に言葉づかいが乱雑になったり、上から目線で指示や命令をするようになったりすれば、嫌な気持ちになるのではないでしょうか。

そんなリーダーについていきたいというスタッフは少ないでしょう。

すでに紹介したように、P・F・ドラッカーは、「リーダーたることの第一の要件は、リーダーシップを仕事と見ることである」と述べています。

チームのなかで誰かがリーダーシップをとらなければ、そのチームは力を発揮することができません。

リーダーとは「役割」であって、チームのためにその役割を「演じている」という意識をもてば、リーダーとしてよりよい働き方ができるでしょう。

●リーダーの「役割」を演じるために……

リーダーとして仕事をするようになると、みなさんの行動の一つひとつが注目を集めます。

リーダーとして相応しい仕事の仕方、ケアの仕方、立ち居振る舞いをしなければ……と、最初は緊張の連続かもしれません。

でも、もちろん人間は、24時間365日、リーダーの役割を演じ続けることはできません。

家に帰れば「お父さん」や「お母さん」の顔になったり、昔の仲間に会えば「友達」の顔になったりと、みなさんにもさまざまな「役割」があることと思います。

リーダーとして長く活躍を続けるためには、仕事以外の場で交流の輪を広げたり、趣味や習い事など、仕事以外に打ち込めるものをもったりすることも大切です。

気持ちに余裕をもって、リーダーという「役割」を楽しみながら演じることができるようになれば、みなさんもきっと素晴らしいリーダーに成長することができるでしょう。

そのみちしるべとなるものこそが、「マネジメント」なのです。

みちしるべ 2

介護リーダーは マネジメントが100%、 ケアも100%

リーダーとしての視点を常にもちながら、
現場の仕事に取り組みましょう。

ハルカさんが新しいリーダーに就任して1か月。

久しぶりに前任のアイリさんと会って、近況の報告をすることになりました。

リーダーになったばかりのハルカさんの悩みは、仕事量の多さ。

ケアの仕事だけでも大変だったのに、そこにリーダーの仕事も加わって、いっぱいいっぱいになってしまっています。

「アイリさんはどうやってリーダーの仕事とケアの仕事を両立させていたんですか？」

ハルカさんは思いきって聞いてみることにしました。

● 介護リーダーは、プレイング・マネジャー

介護現場のリーダーのみなさんの多くは、ユニットリーダーや管理者としての仕事をしながら現場のケアワーカーとしても仕事をする、「プレイング・マネジャー」の役割を果たしていることでしょう。

リーダーになったばかりのみなさんから受ける相談のなかで最も多いのが、「リーダーの仕事と現場の仕事をどう両立させるか」ということ。

ケアの仕事だけをしていたときも十分忙しかったのに、それにリーダーとしてのさまざまな仕事が加わると、とてもじゃないけど時間内に終わらない……。毎日のように残業をしたり、時には家に仕事をもち帰ったりしている人もいるかもしれません。

「理想のケアを実現する」という熱い思いをもってリーダーになったのに、気がつけば心も身体もクタクタになっていて、「どうしてリーダーになったんだろう」と悩む日々。

これでは、せっかくリーダーになったのに、チャンスを活かしきることができません。

●リーダーの仕事をしなくても……

ケアワーカーとして長い経験をもつみなさんは、ケアの仕事であれば、これまでの経験をもとに、手際よくこなすことができることと思います。

目の前で困っている利用者さんがいれば、自然と身体が動くでしょうし、「ありがとう」と言ってもらえると、大きな満足感を得ることができます。

そしてみなさんは「介護の現場が好き」なので、この仕事を続けていることでしょう。

その一方で、リーダーとしての仕事はあまり経験がなく、難しいことも多いので、ついつい後回しになってしまう……という人も少なくありません。

リーダーの仕事は目に見えない部分も多く、少し遅れていてもすぐには影響が出ないので、ユニットやチームはいつもどおりに動いているように見えます。

でも、リーダーとしての仕事をさぼったツケは、必ず自分にふりかかってきます。

ケアの方向性のちょっとしたズレや、人間関係の些細なトラブルなどは、いま特に何もしなくても、大きな問題にはならないかもしれません。

しかし、それを放置して問題が複雑化すると、解決するために多くの時間とエネルギーを割かなければいけなくなってしまいます。

リーダーの仕事と現場の仕事を両立させるために

リーダーになったばかりのみなさんから、「リーダーの仕事と現場の仕事はどれくらいの割合で行えばいいでしょうか？」と聞かれることがあります。

「どちらも50%ずつ」という答えを期待されているのかもしれません。

でも、私はいつも、「**どちらも100%が理想です！**」とお伝えしています。

それはもちろん、毎日残業をしたり、休日返上で仕事をしたりすることをおすすめしているわけではありません。

1日8時間の仕事のなかで、どちらも全力で取り組むことは可能だと考えています。

そのカギを握るのは、もちろん「マネジメント」です。

繰り返しお伝えしてきたように、マネジメントの知識と技術を身につけることによって、現場の仕事をしっかりとこなしながら、リーダーの仕事に全力投球できるようになります。


同じシフトに入った新入職員のＯＪＴをしたり、スタッフの仕事の様子を観察して直面している課題を発見したり、業務を効率化するための仕組みを考えたり……。

現場に入りながらもできること、あるいは現場に入っているからこそできることは、たくさんあります。


大切なのは、「常にリーダーとしての視点をもつ」ということです。

リーダーとしての視点をもちながら現場の仕事に取り組むことによって、日々の業務をこなすだけではなく、よりよい現場をつくり上げていくことが可能になります。

ぜひ、「いまリーダーの視点を忘れていないかな」と、常にチェックすることを心がけてみてください。きっと見える世界が大きく変わることでしょう。

みちしるべ6

3

リーダーを育てる
組織のあり方を考える

「私もリーダーになりたい」と思ってもらえる
環境を整えましょう。

アイリさんが新施設のリーダーに就任してから5年。

さまざまな経験を経て、いまではすっかり中心的な存在となっています。

そんなとき、法人で「次世代のリーダーを育てるプロジェクト」が立ち上がり、アイリさんが責任者として進めることになりました。

「リーダーになることの魅力を伝えて、一人でも多く〝リーダーになりたい〟というスタッフを育てましょう!」

アイリさんは目を輝かせながら、プロジェクトのメンバーに伝えました。

●理想の介護現場をつくるカギはリーダーにあり

これまで、「理想の介護現場をつくるカギはリーダーにある」と繰り返しお伝えしてきました。

メンバーとビジョンを共有し、マネジメントの知識と技術を駆使し、いきいきと仕事をしているリーダーの背中を見て、「あんなリーダーになりたい」とみんなが思っている現場では、常に新しいチャレンジが行われ、理想的なケアやサービスが提供されることでしょう。

しかし、組織として「理想のリーダー」を育てていくことは、決して簡単ではありません。

激化する競争を勝ち抜くために、利用者さんやご家族のニーズに応える質の高いサービスを提供し、収入を確保しなければならない一方で、現場は慢性的な人手不足で、求人・

採用やスタッフのケアにも力を注がなければならない。
そのうえ、感染症対策や制度の変更によって、新たな業務が増えていく……。
日々の業務を回すことで精いっぱいで、「リーダーの育成まで手が回らない」という声をよく耳にします。

でも私は、このような困難な状況だからこそ、組織が一丸となってリーダーを育成していく必要があると考えています。

魅力的なリーダーが育つことで、スタッフたちのモチベーションが上がり、現場の雰囲気は明るくなり、組織が前向きに進む原動力となるのです。

介護リーダーを育てるための3つのポイント

それでは、組織として介護リーダーを育てていくための3つのポイントをご紹介していきましょう。

トップがリーダー育成を推進する

「理想のリーダー」を育てていくためには、まず、組織のトップがマネジメント層育成の重要性を認識し、リーダーを育成するという方向性を打ち出す必要があります。

リーダー育成を、組織を持続可能なものにするための一大プロジェクトとして位置づけることは、リーダーを待ち受けるさまざまな困難に打ち勝つための手助けとなります。

リーダーのみなさんには、事業を立ち上げた頃の思いや、組織のビジョンや経営理念について、組織のトップや経営者の方々に直接聞いてみてもらいたいと思います。

そうすることにより、それぞれのチームのビジョンがリンクし、組織が理想とする姿を目指すことができるようになります。

リーダーを育てる仕組みをつくる

リーダー育成は、個人の努力だけに頼っていてはうまくいきません。

具体的な計画にもとづき、組織が一丸となって実行していくことが大切です。

スウェーデンのファストファッションブランドであるH&Mでは、全社員が自分の仕事をすべて任せることができる後継者を3人育てる「NEXT ME」という制度が導入されています。

このような取り組みにより、属人化した業務のブラックボックスをなくし、「人を育てる力」を育むことができます。

介護現場でも、リーダーとしての業務を「見える化」し、キャリアパスのなかに位置づけるとともに、内部・外部の研修等を通じて、リーダーが成長できる仕組みをつくることが重要です。

また、リーダー育成は、業績や数字には表れにくいため、リーダーを育成したことが評価されるようにすることも必要です。

リーダーをケアする仕組みをつくる

就任したリーダーが自分の力を最大限に発揮できるようにするために大切なのが、「リーダーをケアする仕組み」です。

さまざまな舞台で活躍しているリーダーたちも、実は孤独を感じていることが少なくありません。理想と現実のギャップに悩んだり、判断について誰かに相談したくなったりするときもあるでしょう。

そんなとき、スーパーバイザーやメンターがいれば、リーダーが仕事を進めていくうえでの大きな支えとなります。

また、組織内のリーダー同士で悩みを共有したり、外部のリーダーたちとネットワークを構築したりすることも効果的です。

● 介護リーダーになって、理想のケアを実現しよう!

残念ながら、多くの介護現場では、「いまのポジションのままでよい」と思っている人が多数を占めています。

しかし、私はいつも介護の現場で働くみなさんに、「リーダーになることの素晴らしさ」をお伝えするようにしています。

みなさんが介護の仕事を始めたとき、きっと「理想のケア」の姿を思い描いていたのではないでしょうか。

忙しい日々のなかで忘れかけていたその「理想のケア」を実現に近づけてくれるのが、介護リーダーという仕事です。

リーダーになれるのは、決して一部の特別な人たちではありません。

これまでお伝えしてきたように、マネジメントの知識と技術を身につけ、成長を続けることによって、誰もがリーダーになることができるのです。

「私もリーダーになりたい」という人材が次々と生まれてくると、前向きで持続可能な介護現場や組織をつくることができます。

そして、そのような取り組みが増えていけば、さまざまな課題に直面している日本の介護も、希望をもって前に進むことができるでしょう。

コラム

「次のリーダーを育てよう」

いまは新人リーダーとして日々仕事に追われているみなさんも、いつかはベテランリーダーとして、多くの若手リーダーやスタッフから慕われる存在になることでしょう。

そんなときはぜひ、みなさんがこれまで経験してきたことや学んできたことを余すところなく伝えて、「師匠」になってあげてください。

みなさんが成長すればするほど、彼らもリーダーとしてレベルアップしていきます。そしてそのような前向きな力が動き出せば、きっと地域の方々から愛される、素晴らしい施設をつくっていくことができるでしょう。

みなさんのリーダーとしての旅はまだまだ始まったばかり。

最初に思い描いていた「理想のケア」の姿を忘れずに、前を向いて進んでいきましょう！

おわりに

私の運営する社会福祉法人光朔会で「若手リーダー育成研修」を開始したのは、２００７年６月のことです。

リーダーになったばかりのスタッフや、これからリーダーを目指したいという若手スタッフに毎月１回集まってもらい、「リーダーシップ理論」「コーチング」「チーム・ビルディング」など、リーダーとして仕事をするために不可欠なマネジメントの知識や技術を学ぶ場となるように企画しました。

初めて聞く話の連続に、最初は戸惑いを見せていたスタッフたちも、徐々にリーダーとしての仕事のやりがいや楽しさを理解してくれるようになりました。

やがて、このメンバーからユニットリーダーや部門責任者、そして施設長が誕生し、いまでは施設や部門の枠を超えて切磋琢磨する場となっています。

私がリーダーや管理職向けの研修で講師として話をしたり、ほかの法人のリーダー育成のカリキュラムをつくったりするときは、この「若手リーダー育成研修」をベースとしています。

さまざまな法人や事業所のリーダーのみなさんとも議論を重ね、単なるリーダー育成プログラムではなく、「介護リーダーにとって実践的な内容」となるよう、ブラッシュアップしてきました。

その集大成が本書、『介護リーダー1年目の教科書』です。

「ある日突然介護リーダーに指名されたけど、何から手をつければいいかわからない」
「介護リーダーとして仕事をしているけど、どうもうまくいかない」
――そんなとき、ぜひこの本を手に取ってもらいたいと思います。

みなさんが悩んだり困ったりしていることは、きっとどこかの介護リーダーたちも同じように経験しているはず。

本書を読めば、その経験から学ぶことができるでしょう。

この本が誕生したのは、中央法規出版の飯田慎太郎さんからの、「介護現場のマネジメントを本にしませんか」という1通のメールがきっかけでした。「どうすればもっと介護リーダーのみなさんに伝わるだろうか」と何度も何度も議論を重ねたことが、私を後押ししてくれました。

また、超多忙なスケジュールのなか、イラストを描いていただいた、ザ・ロケット・ゴールド・スターこと山崎秀昭さんには、心から感謝しています。アイリさんたちに命が吹き込まれたことで、誰もが親しみやすい「教科書」になったと思います。

みなさんの介護リーダーとしての旅は始まったばかり。楽しいときや調子のよいときもあれば、思いどおりにいかずしんどいときもあることでしょう。

でも、この本を「みちしるべ」に一歩ずつ前進すれば、必ずその先に見える「理想のケア」に近づくことができます。

介護の現場で日々奮闘するみなさんに心からのエールを送り、この本の結びとします。

山口 宰

著者紹介

山口 宰（やまぐち・つかさ）

社会福祉法人光朔会オリンピア 常務理事

大阪大学大学院人間科学研究科 特任准教授

1979年、神戸市生まれ。2002年、大阪大学人間科学部卒業。2002～2003年、ヴェクショー大学看護福祉学部（スウェーデン）で高齢者福祉・障害者福祉を学ぶ。2007年、大阪大学大学院人間科学研究科博士後期課程修了。博士（人間科学）。

大学院在学中の2004年8月に、24歳で全国的にも前例のない、認知症高齢者グループホーム・ショートステイ・デイサービス・ホームヘルプを融合させた「高齢者総合福祉施設オリンピア兵庫」をオープン。2010年4月より同法人高齢者事業本部長、2011年12月より常務理事となり、法人を年商18億円、事業所数27、従業員数500名の組織に育て上げる。

介護サービス事業所の経営戦略・人材育成コンサルティングや、企業や教育・研究機関におけるプロジェクトにも数多く携わるほか、理論と実践を融合した講演・研修は国内外で好評を博し、年間50回を数える。

介護リーダー1年目の教科書
無理せずに、理想のチームをつくるためのみちしるべ

2024年3月25日　発行

著　　者　山口 宰
発 行 者　荘村明彦
発 行 所　中央法規出版株式会社
〒110-0016
東京都台東区台東3-29-1　中央法規ビル
TEL 03-6387-3196
https://www.chuohoki.co.jp/
ブックデザイン　山之口正和＋齋藤友貴（OKIKATA）
イラスト　山崎秀昭
印刷・製本　株式会社アルキャスト

定価はカバーに表示してあります。

ISBN978-4-8243-0009-6

落丁本・乱丁本はお取り替えいたします。

本書のコピー、スキャン、デジタル化等の無断複製は、著作権法上の例外を除き禁じられています。また、本書を代行業者等の第三者に依頼してコピー、スキャン、デジタル化することは、たとえ個人や家庭内での利用であっても著作権法違反です。

本書の内容に関するご質問については、下記ＵＲＬから「お問い合わせフォーム」にご入力いただきますようお願いいたします。

https://www.chuohoki.co.jp/contact/

A009